INTELIGENCIA ARTIFICIAL + MARKETING DIGITAL

CHARLES MILANDER

LAS **21** LLAVES PARA GANAR ALMAS

LAS **21** LLAVES PARA GANAR ALMAS

EDICIÓN No. 1 ABRIL 2023
ISBN: 978-958-49-9574-2
© CHARLES MILANDER
CHARLES@CHARLESMILANDER.COM

EDITOR - AUTOR

© CHARLES MILANDER
WWW.CHARLESMILANDER.COM
COLOMBIA - ESTADOS UNIDOS

DISEÑO Y DIAGRAMACIÓN

GRAFIPLAST DEL HUILA
CALLE 24 No. 5 BIS – 19
NEIVA – HUILA
GRAFIPLASTDELHUILA@HOTMAIL.COM

DISEÑO CARÁTULA

DIEGO ANDRÉS MARTINEZ CUENCA
DIEGOMARTINEZ19@HOTMAIL.COM

IMPRESO EN COLOMBIA
PRINTED IN COLOMBIA

Descargo de responsabilidad y/o avisos legales:

Conformidad con las Pautas de la Comisión Federal del Comercio:

Divulgación de conexión material:

DEDICATORIA

Queridos lectores,

Me gustaría expresar mi más profundo agradecimiento primeramente a Dios, y a todos ustedes por tomarse el tiempo de leer este libro y acompañarme en este viaje de aprendizaje y crecimiento. Al escribir este libro, mi objetivo principal ha sido proporcionar información valiosa, perspectivas y herramientas que puedan ayudar a las iglesias, ministerios y pastores a adaptarse a los cambios rápidos que enfrentamos en la era digital.

Gracias a todos los expertos, autores y desarrolladores de aplicaciones de inteligencia artificial que han compartido su conocimiento y experiencia, permitiéndome abordar una amplia variedad de temas y presentar soluciones prácticas. También quisiera agradecer a mi familia y amigos por su apoyo incondicional durante el proceso de escritura. En Especial a mi esposa Dina Milander, Mi Madre Isabel, mis tres hijas Anabelle, Charlize, y Grace a mis pastores Bulla, al Pastor David Silvestre, al Pastor José Julián Rolón y al Pastor y Misionero José Satirio Do Santos.

Un agradecimiento especial a los líderes de iglesias y ministerios que buscan constantemente nuevas formas de mejorar y adaptarse a un mundo en constante cambio. Su dedicación y compromiso con su trabajo y con las personas a las que sirven es realmente inspirador.

Espero que, al leer este libro, haya encontrado ideas y recursos útiles que puedan aplicar en su propio contexto y mejorar la forma en que se conectan y comunican con su audiencia. No importa si su enfoque es un ministerio, o una iglesia, mi deseo es que este libro les haya proporcionado una guía valiosa y les haya inspirado a continuar explorando las posibilidades que ofrece la era digital y la inteligencia artificial.

Una vez más, gracias por su tiempo, interés y apoyo. No podríamos haberlo logrado sin ustedes. ¡Sigamos creciendo juntos en este emocionante viaje de aprendizaje e innovación!

Con gratitud,

Charles Milander
New York

Contenido

PROLOGO

Es un honor para mí presentar el prólogo del libro que tiene en sus manos, un material donde el Dr. Charles Milander presenta un recurso invaluable para cualquier Iglesia que busque herramientas modernas, con el fin de ganar almas para Cristo.

A través de este libro podrá conocer los beneficios del Marketing Digital y la Inteligencia Artificial como aliadas esenciales para compartir el mensaje de Jesús y ganar almas para su reino.

En un mundo cada vez más digital, se hace necesario que las iglesias estén actualizadas por lo que, el autor ha presentado de manera clara y concisa la utilización de herramientas modernas para alcanzar una audiencia más amplia y diversa.

En este libro conocerá el alcance de la Inteligencia Artificial para analizar los datos demográficos, el comportamiento de los usuarios en línea, creación de contenido atractivo entre otros. Esto permite a las iglesias diseñar campañas de Marketing Digital más efectivas y personalizadas, que llegan directamente a los usuarios que están constantemente conectados en sus computadores y/o dispositivos móviles.

También encontrará la forma correcta de usar las redes sociales, las cuales poseen miles de millones de usuarios en todo el mundo. Aprovechando estas plataformas para generar contenido y compartir de manera creativa el mensaje de salvación, llegando así a una audiencia diversa y global.

Mi invitación es que se sumerja en el conocimiento que este libro le ofrece en las nuevas tendencias digitales y empiece a utilizarlas para crear una comunidad que comparte intereses similares, que tengan necesidad de Dios y deseen aprender más de él.

"Y reinarán en tus tiempos la sabiduría y la ciencia, y abundancia de salvación; el temor de Jehová será su tesoro." Isaías 33:6

JOSE SATIRIO DOS SANTOS
Pastor y Misionero Iglesia Centro Cristiano

LA LLAVE CLAVE #1
Introducción

La Palabra de Dios nos enseñan que Jesús es el único y verdadero Salvador de la humanidad. Romanos 10:9 dice: "Si confiesas con tu boca que Jesús es el Señor y crees en tu corazón que Dios lo levantó de entre los muertos, serás salvo." Además, Hechos 4:12 afirma: "No hay salvación en ningún otro, porque no hay otro nombre bajo el cielo dado a los hombres por el cual debamos ser salvos." **SI BIEN LA INTELIGENCIA ARTIFICIAL Y EL MARKETING DIGITAL SON HERRAMIENTAS ÚTILES PARA DIFUNDIR EL MENSAJE DE JESÚS, NO PUEDEN REEMPLAZAR LA IMPORTANCIA CENTRAL DE LA FE EN ÉL COMO EL ÚNICO SALVADOR.**

Como se revela en el Evangelio de Lucas, Capítulo 19, Versículo 10. Este versículo encapsula la esencia de nuestra fe y nos recuerda la razón por la cual nuestro Señor y Salvador, Jesucristo, entró en este mundo. El versículo dice:

"Porque el Hijo del Hombre vino a buscar y a salvar lo que se había perdido." (Lucas 19:10)

Para comprender las profundas implicaciones de este versículo en nuestras vidas como seguidores de Cristo, profundizaremos en seis temas clave: La Identidad del Hijo del Hombre, Los Perdidos, La Búsqueda, La Salvación, El Amor Sacrificial de Jesús por los Demás, y la Esperanza, Propósito y Dirección que Jesús Ofrece. Además, exploraremos cómo la tecnología moderna, específicamente la inteligencia artificial y el marketing digital, pueden utilizarse para compartir el mensaje de Jesús con los demás.

Lucas 19:10 revela la misión divina de rescate de nuestro Señor y Salvador, Jesucristo. Él vino a buscar y salvar a los perdidos, demostrando el amor inagotable de Dios por la humanidad. Al hacerlo, Jesús trajo esperanza, propósito y dirección a nuestras vidas, transformándonos desde adentro hacia afuera.

Como seguidores de Cristo, estamos llamados a abrazar esta esperanza, comprometernos con nuestro propósito dado por Dios y seguir la dirección establecida por Jesús. Que estemos comprometidos a vivir vidas que reflejen Su amor, sacrificio y servicio, todo para la gloria de Dios.

VI. Usando la Inteligencia Artificial y el Marketing Digital para Acercarse a los Demás:

Al buscar compartir el mensaje de esperanza, propósito y dirección de Jesús con el mundo, debemos estar dispuestos a adaptar nuestros métodos de alcance y evangelismo. En el panorama digital de hoy en día, la inteligencia artificial (IA) y el marketing digital ofrecen herramientas poderosas para conectarnos con los demás y difundir el Evangelio de manera efectiva.

Inteligencia Artificial

La inteligencia artificial es uno de los términos más utilizados en la actualidad, pero **¿qué es realmente la inteligencia artificial? ¿Cómo podemos entenderla y aplicarla en nuestro día a día?** En términos simples, la inteligencia artificial se refiere a un sistema computacional capaz de realizar tareas que requieren inteligencia humana, como ver, escuchar, leer y tomar decisiones. A medida que las tecnologías avanzan, la inteligencia artificial se vuelve más sofisticada, permitiendo a los sistemas aprender y mejorar con el tiempo.

A lo largo de la historia, hemos visto cómo la inteligencia artificial ha evolucionado para convertirse en una herramienta indispensable en nuestras vidas. Desde los años 70, los vehículos han contado con sistemas que utilizan la inteligencia artificial, como el sistema de freno automático para prevenir choques agresivos. En la actualidad, los automóviles pueden ser completamente autónomos, gracias a la inteligencia artificial.

La inteligencia artificial no es algo nuevo, y su evolución ha sido constante en el tiempo. Los sistemas de inteligencia artificial se basan en grandes bases de datos, conocidos como "modelos de lenguaje" o "language models". Estos sistemas pueden aprender de forma autónoma, mejorando su precisión y eficiencia con el tiempo. Por ejemplo, el Chat GPT es un modelo de lenguaje que utiliza la inteligencia artificial para responder preguntas y generar texto automáticamente.

En el futuro, se espera que la inteligencia artificial siga evolucionando, brindando soluciones innovadoras a problemas complejos en diferentes ámbitos. Sin embargo, también es importante tener en cuenta las mejores prácticas y las leyes necesarias para garantizar que la inteligencia artificial se utilice de manera responsable y ética.

La inteligencia artificial es una tecnología cada vez más presente en nuestra vida cotidiana, con un gran potencial para mejorar nuestras vidas. Sin embargo, es necesario comprender su funcionamiento y aplicaciones para poder utilizarla de manera efectiva y responsable.

Desarrollo

La inteligencia artificial es una de las tecnologías más disruptivas de nuestra época, y su impacto se hace cada vez más evidente en nuestra vida cotidiana. A medida que los sistemas de inteligencia artificial se vuelven más sofisticados, las posibilidades de aplicación son cada vez mayores. Desde los sistemas de recomendación de películas hasta los asistentes virtuales, la inteligencia artificial se está convirtiendo en una herramienta fundamental en nuestra sociedad.

En términos generales, la inteligencia artificial se refiere a la capacidad de las máquinas para realizar tareas que requieren inteligencia humana. Esto incluye tareas como el reconocimiento de imágenes, la comprensión del lenguaje natural y la toma de decisiones. A medida que las tecnologías de inteligencia artificial evolucionan, los sistemas pueden aprender y mejorar con el tiempo, lo que les permite realizar tareas cada vez más complejas.

Una de las áreas donde la inteligencia artificial ha tenido un gran impacto es en el sector automotriz. Desde los años 70, los vehículos han contado con sistemas que utilizan la inteligencia artificial, como el sistema de freno automático para prevenir choques agresivos. En la actualidad, los vehículos autónomos se están convirtiendo en una realidad, gracias a la inteligencia artificial. Por ejemplo, los automóviles Tesla cuentan con el "

Si lo llevamos al día a día, podemos notar cuántas cosas que utilizamos en nuestro hogar utilizan inteligencia artificial y, muchas veces, no nos damos cuenta de ello. Un ejemplo de ello es Netflix, que utiliza la IA para recomendarnos películas y series basadas en nuestro perfil y en lo que hemos visto anteriormente. De esta manera, podemos ahorrar tiempo y esfuerzo al encontrar contenidos que se adapten a nuestros gustos. Lo mismo ocurre con otras plataformas de streaming, como Disney Plus o Amazon Prime, que utilizan la IA para predecir nuestras preferencias y tomar decisiones por nosotros.

Uno de los dispositivos más utilizados hoy en día es el teléfono móvil, y también es un gran ejemplo de cómo la IA está presente en nuestra vida cotidiana. Por ejemplo, el reconocimiento facial utilizado para desbloquear nuestro teléfono es una forma de inteligencia artificial. Además, cuando utilizamos la cámara de nuestro teléfono, la IA nos ayuda a encontrar el mejor ángulo y a ajustar la exposición y los colores automáticamente.

Otro ejemplo de la presencia de la IA en nuestra vida cotidiana es el uso de asistentes virtuales como Siri o Alexa. Estos dispositivos pueden realizar tareas cotidianas, como encender las luces o ajustar la temperatura de la casa, mediante el reconocimiento de voz y la comunicación con otros dispositivos inteligentes en el hogar. De esta manera, podemos controlar nuestra casa desde cualquier lugar y en cualquier momento, lo que nos brinda una gran comodidad y seguridad.

Incluso los electrodomésticos de nuestra cocina pueden utilizar la IA para hacernos la vida más fácil. Las tostadoras inteligentes, por ejemplo, pueden determinar automáticamente la cantidad de tiempo necesaria para tostar nuestro pan y ajustar la temperatura en consecuencia. Las neveras inteligentes pueden detectar la cantidad de alimentos que tenemos y enviarnos alertas cuando necesitamos reponer algunos artículos. También pueden realizar pedidos por nosotros y programar la entrega de alimentos frescos a nuestra puerta.

En conclusión, la IA está presente en muchos aspectos de nuestra vida diaria y es importante prestar atención a cómo la utilizamos. Debemos considerar cuánta ayuda queremos recibir de la IA y asegurarnos de que nos brinde comodidad y eficiencia sin comprometer nuestra privacidad o seguridad. La IA puede ser una herramienta poderosa para hacernos la vida más fácil y cómoda, siempre y cuando la usemos de manera responsable y consciente.

De acuerdo con lo anterior, existen numerosos elementos que utilizamos día a día que hacen uso de la llamada inteligencia artificial. A partir de esta información, muchos se han preguntado si esta tecnología será capaz de reemplazar al ser humano. En mi opinión, creo que no. Por el contrario, la inteligencia artificial va a hacer que el hombre sea más efectivo, productivo y capaz de lograr una mayor cantidad de cosas en menos tiempo.

Por ejemplo, la robótica también utiliza inteligencia artificial. Esta se observa en robots que están recibiendo comida en algunos restaurantes, limpiando baños y que, en algún momento, reemplazarán a las mucamas en los hoteles, en los aeropuertos e incluso en los peajes. Actualmente, cuando una persona cruza para pagar en algunos lugares de Estados Unidos, ya no ve a las personas que le cobran, ya que el pago se levanta con ayuda de la IA cuando detecta el código. Incluso hay algunos peajes que no requieren pago y te envían el número y la factura hasta tu casa gracias a la inteligencia artificial.

De acuerdo con esto, es fácil inferir que la IA está reemplazando a las personas, pero esto no es del todo cierto. Es cierto que algunas personas pudieran estar siendo reemplazadas, pero se les da la oportunidad de capacitarse para poder dar servicio a estos robots o IA que ya se encuentran en funcionamiento. Si bien es cierto que la inteligencia artificial facilita el desarrollo humano, también es cierto que esta necesita del ser humano para su reparación y mantenimiento.

La tecnología de IA se puede aprovechar de diversas maneras para facilitar nuestra misión de buscar y salvar a los perdidos. Por ejemplo, los chatbots impulsados por IA pueden entablar conversaciones significativas con personas que buscan respuestas en línea. Estos chatbots pueden ser programados para proporcionar respuestas reflexivas, compartir pasajes relevantes de las Escrituras y guiar a los usuarios hacia recursos que profundicen su comprensión de la fe cristiana.

A medida que exploramos la misión divina de rescate de Jesús, vemos que su venida no solo trajo salvación, sino que también nos otorgó esperanza, propósito y dirección. A través de Jesús, se nos da un renovado sentido de significado e importancia en nuestras vidas. Veamos brevemente estos tres temas dentro del contexto de la misión de Jesús.

Esperanza:

En medio de nuestra perdición y quebrantamiento, la llegada de Jesús sirve como un faro de esperanza. A través de su vida, muerte y resurrección, nos ofrece la seguridad de la vida eterna con Dios. En Juan 3:16, leemos: "Porque de tal manera amó Dios al mundo, que ha dado a su Hijo unigénito, para que todo aquel que en él cree, no se pierda, más tenga vida eterna". Esta esperanza trasciende nuestras luchas terrenales y nos brinda la confianza de que, en Cristo, nuestro futuro está asegurado.

Propósito:

La misión de Jesús de buscar y salvar a los perdidos también revela nuestro propósito como seguidores de Cristo. Estamos llamados a unirnos a esta misión divina de rescate, compartiendo las buenas nuevas de salvación con quienes nos rodean. En Mateo 28:19-20, Jesús encarga a sus discípulos, diciendo: "Por tanto, id y haced discípulos a todas las naciones, bautizándolos en el nombre del Padre, del Hijo y del Espíritu Santo, enseñándoles que guarden todas las cosas que os he mandado". Como cristianos, estamos llamados a ser embajadores de Cristo, extendiendo su amor, gracia y verdad a un mundo necesitado.

Dirección:

Por último, Jesús proporciona dirección para nuestras vidas al ofrecer una nueva forma de vivir basada en el amor, el servicio y la obediencia a Dios. En Juan 14:6, Jesús declara: "Yo soy el camino, y la verdad, y la vida. Nadie viene al Padre sino por mí". Al seguir a Jesús, encontramos un camino claro que conduce a una vida de abundante gozo, paz y plenitud. Él nos enseña a amar a Dios y a amar a nuestro prójimo (Mateo 22:37-39), a perdonar y buscar el perdón (Mateo 6:14-15) y a confiar en la provisión y cuidado de Dios (Mateo 6:25-34). Al caminar en sus pasos, obtenemos un sentido de dirección y descubrimos el verdadero significado de la vida.

1.1   La importancia de adoptar la tecnología en la evangelización

Explicación detallada:

El mundo en el que vivimos está cambiando rápidamente, y la tecnología desempeña un papel importante en la configuración de la forma en que las personas se comunican y acceden a la información. Adoptar la tecnología en la evangelización se ha vuelto crucial para compartir el Evangelio de manera efectiva con una audiencia más amplia y conectarse con las personas de una manera relevante para su vida diaria.

Ejemplo práctico:

Considera una iglesia que tradicionalmente ha confiado en materiales impresos y evangelización puerta a puerta para difundir el Evangelio. Al incorporar la tecnología, la iglesia podría crear un sitio web, desarrollar una presencia en las redes sociales y ofrecer recursos en línea para llegar a personas más allá de su comunidad local. Esto les permitiría interactuar con una audiencia global y brindar apoyo y recursos a personas que quizás no tengan acceso a una iglesia local.

Pasos a seguir:

Evalúa tus estrategias actuales de evangelización e identifica áreas donde se puede integrar la tecnología.

Investiga y familiarízate con las últimas herramientas y plataformas digitales que pueden respaldar tus esfuerzos de evangelización.

Capacita a tu equipo ministerial y a los voluntarios en el uso efectivo de estas tecnologías.

1.2   Resumen de la Inteligencia Artificial y el Marketing Digital

Explicación detallada:

La inteligencia artificial (IA) se refiere al desarrollo de sistemas informáticos que pueden realizar tareas que generalmente requieren inteligencia humana, como aprender, razonar y resolver problemas. La IA puede ser una herramienta poderosa para la evangelización al ayudar a analizar grandes cantidades de datos, proporcionar experiencias personalizadas y facilitar conversaciones significativas a través de chatbots.

El marketing digital abarca diversas estrategias y tácticas que aprovechan los canales digitales, como las redes sociales, los motores de búsqueda y el correo electrónico, para promocionar un mensaje o producto. En el contexto de la evangelización, el marketing digital se puede utilizar para llegar y atraer a las personas de manera efectiva con el mensaje del Evangelio.

Ejemplo práctico:

Un ministerio podría usar chatbots impulsados por IA en su sitio web y plataformas de redes sociales para interactuar con visitantes que tienen preguntas sobre la fe o buscan orientación espiritual. Además, el ministerio podría crear y compartir contenido atractivo en las redes sociales, enviar correos electrónicos regulares con mensajes alentadores y optimizar su sitio web para motores de búsqueda para llegar a más personas con el mensaje del Evangelio.

Pasos a seguir:

Identifica cómo se pueden integrar la IA y el marketing digital en tus esfuerzos de evangelización existentes.

Desarrolla un plan para incorporar estas tecnologías en tu ministerio, incluidos los objetivos, los plazos y los recursos necesarios.

Colabora con otras iglesias o ministerios que hayan implementado con éxito estrategias de IA y marketing digital para aprender de sus experiencias y mejores prácticas.

1.3   Los objetivos del libro:

Educar a los lectores sobre la importancia de integrar la tecnología en el evangelismo.

Proporcionar una comprensión de los conceptos de inteligencia artificial y marketing digital y sus aplicaciones en un contexto de ministerio.

Ofrecer ejemplos prácticos y pasos accionables para ayudar a los lectores a implementar estas estrategias y tácticas en sus ministerios.

LA LLAVE CLAVE #2
¿Qué es el Marketing?

Al hablar de cómo conquistar almas mediante el uso de la inteligencia artificial, no sólo debemos considerar el contenido, sino también el Marketing. Pero **¿qué es el Marketing?** Se trata de la distribución y posicionamiento de dicho contenido, como lo definió sabiamente alguien. ¡Pensemos en el Cirque du Soleil! o en el Circo de los Hermanos Vázquez, por ejemplo. Antes de llegar a tu vecindario, colocan un enorme cartel en la autopista anunciando que se presentarán esta semana en Nueva York. **Esto es publicidad**, pero no es suficiente por sí sola, ya que necesita circular.

Siguiendo con el ejemplo, cuando ves esta publicidad, piensas: "Ah, me gustaría ir con mis hijos". Acto seguido, compras los boletos y llegas a las 5 de la tarde. Al llegar, hay un elefante que lleva un letrero anunciando que "el circo comenzará en 10 minutos". Mientras el elefante da vueltas por todo el recinto, tú lees el anuncio: **esto es una promoción. Es decir, se realiza la publicidad (el anuncio).**

Ahora bien, después de la publicidad y la promoción, hace falta otro elemento crucial. Termina el circo, y llegan los paparazzi, la gente de la ciudad, el alcalde, el gobernador y la prensa. Le preguntan al alcalde: "Señor alcalde, ¿cómo estuvo la presentación del Cirque du Soleil?". Él responde: "Estas actividades son muy sanas y beneficiosas para la familia. Ha sido un éxito rotundo, por lo que recomendamos a todos los vecinos de Manhattan, Nueva York, que vengan a disfrutar de este gran Cirque du Soleil que ayudará a unificar las familias de una manera espectacular. Además, estarán en contacto con la naturaleza". Gracias a esto, la alcaldía de Nueva York reconoce a estas actividades como sanas y pro-familia. **Lo que acabamos de presenciar se llama PR o relaciones públicas.**

Entonces, el marketing engloba publicidad, promoción y relaciones públicas.

Entre muchas otras cosas que podemos decir, estamos resumiendo el concepto, pero el marketing en realidad es el como yo coloco ese contenido en frente de la audiencia que yo quiero que consuma ese contenido. Es importante que nos quitemos de la mente que nosotros queremos llegarle a todo el mundo, o que queremos que todo el Mundo compre nuestro producto.

Finalmente, es importante aclarar que el Marketing no son ventas, de acuerdo con la AI Chat GPT, se trata de una disciplina que utiliza diversas estrategias y canales digitales para promocionar diversos productos, servicios y/o marcas, además de establecer relaciones con los clientes. En la actualidad, el mundo digital está en constante evolución, o que ha llevado a la necesidad de crear una nueva forma de llegar a los consumidores. De modo que, actualmente las empresas utilizan una amplia gama de técnicas de marketing digital para alcanzar sus objetivos de negocios como son: la publicidad en línea, la optimización de motores de búsqueda, el marketing en redes sociales, el correo electrónico y la creación de contenido de lo que se habló anteriormente.

La publicidad en línea implica la promoción de un producto o servicio a través de anuncios pagados que pueden aparecer en sitios web, motores de búsqueda, redes sociales y otros canales digitales. Los anuncios se pueden personalizar para llegar a una audiencia específica, lo que ayuda a garantizar que el mensaje se dirija a las personas adecuadas en el momento adecuado. La optimización de motores de búsqueda, también conocida como SEO o Search Engine u Optimización optimizadores de motor de búsquedas se centran en aumentar la visibilidad de un sitio web en los resultados de búsquedas orgánicos. Los sitios web optimizados para motores de búsqueda tienen una mayor probabilidad de aparecer en los primeros resultados de búsqueda, lo que puede aumentar el tráfico y la visibilidad de la marca. Para esto hay que hacer un trabajo exhaustivo y por eso en mi opinión, pienso que el tema del SEO pronto será un tema del pasado, debido a que las marcas están buscando resultados inmediatos y cuando hablamos de SEO muchas veces toma mucho tiempo paraque usted pueda ver los resultados y aparecer en primera página.

Continuando, el marketing redes sociales se refiere a la promoción de una marca o producto a través de plataformas de redes sociales como Facebook, Instagram, Twitter, LinkedIn y muchas otras. Las redes sociales pueden ser una forma efectiva de interactuar con los consumidores y crear relaciones duraderas. Por otra parte, el correo electrónico es otra herramienta importante en el marketing digital ya que permite a las empresas comunicarse directamente con los clientes a través de correos electrónicos personalizados. Lo que puede ayudar a mantener una relación con los clientes y aumentar las ventas. Por último, la creación de contenido es una técnica clave en el marketing digital. El contenido puede incluir artículos, vídeos, infografías y mucho más. El contenido atractivo y relevante puede atraer a los consumidores y mantenerlos interesados en la marca. En resumen, "el marketing digital se trata de llegar a los consumidores en el lugar y momento adecuado a través de canales digitales. Las empresas pueden utilizar una amplia variedad de técnicas y estrategias para lograr sus objetivos de negocio y llegar a una audiencia más amplia y personalizada. Es así como el marketing digital es una parte esencial de cualquier estrategia de marketing moderna y puede ser una herramienta poderosa para el éxito de una empresa".

Si se fijan todo esto que nos mencionó Chat GPT, de lo cual hacemos referencia, es muy interesante, y muy temático, pero al final del día, si lees los párrafos anteriores te vas a dar cuenta que está, de una manera concisa y directa, que puede en realidad ser mucho más entendible, por eso entendemos que el tema del Chat GPT es bueno y excelente, además nos va a ayudar a hacer muchísimas cosas, pero necesita ese toque humano que solamente usted y yo le podemos dar. Ahora, ya sabemos lo que es marketing digital, por lo cual cuando hablemos de lo que es, también tenemos que definir que lo que es una estrategia, tema donde muchos se pierden.

Servicio al Usuario:

En la parte de Servicio al usuario o apoyo, es importante tomar en consideración una gran variedad de cosas, como el mantener al usuario, feliz, contento, gozoso, de manera que este siga volviendo más y más, lo cual no es una tarea fácil. En tiempos pasados, una institución muy conocida en el ámbito tecnológico dijo que en ese momento (estamos hablando de la década de los 90), se hablaba mucho de lo que era servicio al usuario, con satisfacción del 100%. Es muy importante notar que eso estuvo muy de moda. El 100% satisfacción al usuario se utilizó bastante por las grandes instituciones en el mundo tecnológico y en otras instituciones también multinacionales que lo aplicaron. Bueno, esta institución mencionada anteriormente, dijo tenemos que buscar la manera de cómo lograr no solo la satisfacción del usuario, sino la manera de cómo crear una mejor experiencia y conexión con este, entonces se preguntó ¿qué es lo que nosotros tenemos que hacer para que el usuario siempre se quede con nosotros? Esto es algo muy importante, que tenemos que hacer siempre, preguntas inteligentes que nos lleven a dar respuestas inteligentes (eso lo vamos a ver más adelante en las herramientas de IA), por otro lado, si hacemos preguntas tontas, pues vamos a tener resultados tontos. Así que es muy importante notar y entender que las preguntas inteligentes en este caso eran que podía y no hacer para ganar el negocio del usuario todo el tiempo y que el usuario se sintiera más que satisfecho.

Pues una historia larga-corta, finalmente determinaron que ellos lo que debían de hacer era llevar a un nivel más alto del 100% de satisfacción al usuario que era la lealtad al usuario, ¿qué significaba eso? bueno, el sentido de lealtad al usuario era simplemente el hecho de que cuando tú eres leal a algo o alguien, tú no cambias muy fácilmente. Por ejemplo, si vas por la autopista y vez la marca amarilla con rojo y ves una M grande. Te vas a dar cuenta que ahí está la hamburguesa que a ti siempre te gusta, pero si no te gusta esa hamburguesa y te gusta la otra, la de Burger King, por ejemplo, si te gusta esa hamburguesa, pues obviamente no importa que te presenten 10 diferentes durante el camino y tú no la va a comprar porque tú no eres, leal a esa marca. Ahora si eres leal a tu marca, no importa que te presenten cualquier cosa, hay personas que no se ponen un zapato de una marca x porque la marca que utilizan siempre es esa, entonces son leales a su marca. Entonces esta institución lo que hacía era que cuando le fallaba un usuario o el usuario se quejaba o no tenía el usuario la razón, ellos como eran leal al usuario, les devolvían el dinero al usuario que había pagado y le entregaban el servicio o el producto, diciéndole "nosotros siempre vamos a estar aquí, nosotros somos leales a usted porque usted lo es a nosotros, así que nosotros no vamos a permitir que usted se sienta bajo ninguna situación desleal", que no tenga lealtad.

Entonces en esa parte, mantener a un usuario contento nos lleva a tener un servicio con una experiencia de lealtad a nivel mundial. 3 letras dicen las instituciones grandes que siempre buscan cuando venga un usuario a desarrollar una relación de lealtad "WOW". Si un usuario le dice "WOW" cuando usted le da un servicio, en realidad es un usuario que muy probablemente permanezca con su institución mucho, mucho tiempo. Entonces dar siempre ese servicio y agregar siempre valor al usuario.

Por otra parte, el tema de subirle los precios a los usuarios es un tema que estratégicamente puede funcionar siempre y cuando usted esté agregando siempre más valor del que el usuario espera. Por ejemplo, cuando usted entra en la tienda de Apple muy probablemente usted vaya a buscar solamente el reloj, pero el representante muy probablemente le puede decir que, si usted no necesita algo más o que si usted compra en realidad el teléfono, este va a funcionar con el computador con el reloj o con los audífonos, de manera que cuando usted vea bien, usted tendrá un ecosistema completo de Apple. Que, por cierto, hay muchos de esos dispositivos que tienen inteligencia artificial (vamos a estar viendo algunos de ellos más tarde).

Entonces quiere decir, que el hecho de subir la escala o la escalera, agregando primero valor, porque ellos no te están vendiendo el dispositivo, ellos te están diciendo que el reloj va a funcionar para mejorar tu salud, y si tu salud funciona, pues tú te vas a sentir mejor, además, te va a medir la arritmia cardiaca, los ejercicios, cuantas millas o kilómetros caminas e incluso cómo te sientes. Es decir, si te está dando un infarto al corazón, este reloj lo puede detectar. De acuerdo con lo anterior, entonces no te están vendiendo en realidad el reloj sino una experiencia. Esa es su estrategia, venderte una experiencia única, que ningún otro dispositivo con la precisión que Apple tiene, te lo va a vender. Entonces, eso te da valor, valor en lo que tú haces, por esto es importante que estos usuarios una vez que reciben este tipo de lealtad y servicio dentro de la estrategia inicial que planificaste en ese servicio al usuario es de lealtad, yo no lo llamaría apoyo al usuario sino lealtad al usuario. Para fidelizar a los miembros de nuestros ministerios es importante tener en consideración si estamos entregando lealtad hacia ellos de la misma o igual manera que nos ofrece nuestro Señor Jesús.

Cuando llevamos esa parte lealtad al usuario, entonces eso estimula inmediatamente referimientos ¿por qué?, porque una persona satisfecha y que pertenece al nivel de lealtad, como se siente leal, no tienes ni siquiera que pedirle que te refiera o que invite a su familia a llegar a la iglesia. Ellos lo hacen automáticamente, entonces, cuando tú tienes un seguidor que te está siguiendo siempre, que te comenta siempre, que comparte tu contenido siempre, es un usuario leal, es un seguidor leal al cual debes de prestar la atención, actualmente incluso existen herramientas que te dicen cuáles son esos seguidores, que son los que en realidad están encima de lo que tú haces. Entonces, tienes este nivel de seguidores que te van a ayudar a crecer tu ministerio, porque tú les estás dando un servicio y es más que un servicio le estás agregando un valor desinteresado. Así que vamos a ver ahora no solamente ya el tema del contenido, del marketing, de las ventas, del servicio, o la lealtad al usuario sino ahora también vamos a ver lo que son las operaciones o lo que se llama en realidad el funcionamiento de todo lo que estamos haciendo.

Es muy importante en esta parte del marketing, tener como parte de la ecuación principal lo que es el sistema, ya que sin este es prácticamente imposible que las cosas funcionen adecuadamente. Significa que tenemos que considerar que un sistema es aquel que nos va a permitir manejar las personas, los servicios e incluso los procesos que tenemos en la institución. Si no tenemos procesos dentro de un sistema que nos permita manejar todo lo que hacemos, va a llegar un punto en que todo se va a volver inmanejable, por ejemplo, si a usted le visitan 100 personas, ¿cómo le va a hacer frente a estas? Recuerdo que en una ocasión que a alguien que tuve la oportunidad de asesorar me dijo que necesitaba ayuda urgentemente ya que una influencer hizo una mención de su producto en su cuenta (uno con millones de seguidores y fuerte en la ciudad de New York), esta influencer hizo la mención y la señora que tenía productos de belleza recibió en un día más de 4,000 órdenes, fueron tantas que tuvo que poner en su Instagram que no la contactarán más porque no tenía suficiente. Entonces, esto ocurre al no estar preparado para una avalancha de peticiones, pero también el seguimiento. Entonces, esto ocurre al no estar preparado para una avalancha de peticiones, pero también el seguimiento. De esta forma, así como se crea contenido en Excel, o en una herramienta como Trello, o como creo una estrategia de marketing que cumpla con todo y distribuyó ese contenido y creo interés, pero aparte de eso como convierto a esas personas que en realidad están interesados y quieren conocer más aún, cómo le voy a dar un seguimiento constante en lealtad a ese usuario.

Es decir, esto se logra mediante el uso de un sistema. Hay varios sistemas muy importantes en el mercado, por ejemplo, está Zoho, el cual ofrece diversas herramientas. Entre ellas, se encuentran Zoho Desk, que permite crear tickets cuando llega una solicitud de un usuario importante; Zoho Projects, para gestionar proyectos; Zoho Marketing Automation, que automatiza parte del marketing realizado; Zoho Finance, que aborda la parte financiera como facturación, seguimiento y cobros; Zoho Recursos Humanos, entre otras. Hubspot es otra plataforma similar.

Zoho es una plataforma muy buena y es una de las más económicas. También existe otra plataforma llamada Freshworks, que incluye inteligencia artificial para determinar cómo captar usuarios de una manera muy inteligente y ofrece diversas herramientas. Además, está Slack, que es una herramienta un poco más cara y permite tener un sistema de comunicación y gestión interna en tu institución. Salesforce es otra opción, aunque es una de las más costosas.

En el contexto de las organizaciones cristianas, es fundamental utilizar sistemas con inteligencia artificial para mejorar sus esfuerzos de marketing digital y ser más efectivas en la difusión de su mensaje y misión. La adopción de plataformas de automatización y gestión, como las mencionadas anteriormente, puede facilitar la organización, el seguimiento y la optimización de las estrategias de marketing, lo que permite a estas organizaciones llegar a más personas y adaptarse mejor a sus necesidades.

Además, el uso de inteligencia artificial en el marketing digital puede ayudar a las organizaciones cristianas a identificar patrones y tendencias en el comportamiento de sus seguidores, lo que permite desarrollar campañas y mensajes más personalizados y efectivos. Esto, a su vez, puede aumentar la tasa de conversión de nuevos seguidores y mejorar la retención y compromiso de los miembros actuales de la comunidad.

En resumen, es crucial para las organizaciones cristianas, independientemente de su tamaño, implementar sistemas con inteligencia artificial en sus esfuerzos de marketing digital. Esto les permitirá ser más eficientes y efectivas en la difusión de su mensaje, atrayendo a más personas y mejorando la experiencia de sus miembros. Además, contar con un sistema adecuado es fundamental para escalar y llevar el ministerio al siguiente nivel.

Océano Azul:

Antes de mostrarte las 10 herramientas de inteligencia artificial que te ayudarán a ahorrar tiempo para que puedas enfocarte en lo verdaderamente importante, como ganar almas, quiero hablar sobre la importancia de crear un "océano azul". Si no has leído el libro "Blue Ocean Strategy", te lo recomiendo. Este libro explica cómo crear un espacio nuevo en el mercado, haciéndote imitar y dejando la competencia irrelevante.

El concepto de "océano azul" se opone al "océano rojo", en el que el mercado está saturado y los competidores luchan entre sí, simbolizando un entorno competitivo. En un océano azul, no tienes competencia y la competencia se vuelve irrelevante. ¿Por qué? Porque ofreces tanto valor en tus contenidos, servicios y productos que la competencia no puede superarte, ya que generas lealtad entre tus seguidores.

Un ejemplo de la creación de un océano azul es la aerolínea estadounidense Southwest. Ellos tenían un eslogan que decía "la velocidad de un avión, por el precio de un automóvil, siempre que lo necesites". Comenzaron a ofrecer muchos vuelos entre diferentes ciudades a precios ridículamente bajos, menos de 100 dólares. La gente pensó: puedo viajar ida y vuelta por menos de 100 dólares, y aunque no me den comida o bebida a bordo, puedo comprar algo en el aeropuerto y aún así ahorrar dinero en comparación con otras aerolíneas que cobran 300 o 400 dólares.

Como resultado, las otras aerolíneas se vieron obligadas a reducir sus precios y empezaron a cobrar por la comida, el equipaje y otros servicios adicionales. No pudieron competir contra Southwest, por lo que se unieron a este océano azul creado en el sector aéreo.

Para las organizaciones cristianas, aplicar la estrategia del océano azul significa encontrar formas innovadoras y efectivas de difundir su mensaje y atraer a más personas, creando un espacio único en el mercado que otros no puedan igualar fácilmente. Esto puede incluir el uso de la inteligencia artificial y otras tecnologías emergentes para mejorar la comunicación, la gestión y el alcance de su audiencia.

Al adoptar un enfoque de océano azul, las organizaciones cristianas pueden diferenciarse de sus "competidores" y ofrecer un valor excepcional a sus miembros y seguidores. Esto les permitirá crecer y prosperar en un entorno donde los recursos y la atención de las personas son cada vez más limitados. Así, las organizaciones que logren crear un océano azul en sus respectivos campos estarán mejor posicionadas para tener éxito a largo plazo y marcar una verdadera diferencia en la vida de las personas.

Creatividad Vs Competencia

En todo esto, existen las cinco acciones clave para crear un contenido de valor en el ámbito de la estrategia del océano azul. Primero, se debe reducir los factores que la industria está ofreciendo actualmente, como lo está haciendo el Chat GPT. Por ejemplo, si este puede escribir 30 correos electrónicos en menos de 10 minutos, está reduciendo el tiempo que normalmente se toma en hacerlo según los estándares de la industria.

En segundo lugar, se trata de crear factores que la industria nunca ha ofrecido. Estos pueden ser servicios o características completamente nuevas que diferencien a la empresa de sus competidores.

En tercer lugar, hay que elevar los factores por encima de lo que la industria ofrece, es decir, superar las expectativas y elevar la calidad o el valor de los productos o servicios que se ofrecen.

En cuarto lugar, es necesario eliminar los factores que la industria ha dado por sentado, aquellos aspectos que se consideran estándares pero que podrían no ser necesarios o efectivos.

Finalmente, la quinta acción es redefinir lo que no funciona, es decir, identificar y mejorar las áreas que puedan estar impidiendo el éxito de la empresa.

El objetivo de llevar a cabo estas acciones es crear una nueva propuesta de valor que conduzca a lo que se denomina un "océano azul". La estrategia del océano azul, como se detalla en el libro "Blue Ocean Strategy: How to Create Uncontested Market Space and Make Competition Irrelevant" de W. Chan Kim y Renée Mauborgne, se centra en la creación de mercados inexplorados y la generación de demanda, en lugar de competir en espacios saturados o "océanos rojos".

La idea es que al aplicar estas acciones y adoptar una mentalidad de innovación, una institución puede encontrar oportunidades de crecimiento y éxito en espacios donde la competencia es irrelevante, en lugar de luchar por una porción del mercado en áreas ya saturadas. La estrategia del océano azul busca transformar la forma en que las instituciones abordan la competencia y el crecimiento, y ha sido adoptada por muchas organizaciones exitosas en todo el mundo.

'OJO' ESTO ES EL ESTANDAR DEL LAS INSTITUCIONES SECULARES Y NO CRISTIANAS QUE POR SUPUESTO NO ESTA MAL PARA ELLOS, PERO EN REALIDAD, LA IGLESIA DE CRISTO PUEDE IMPLEMENTAR UNA MENTALIDAD DE INNOVACION POR LA CREATIVIDAD Y NO LA COMPETENCIA:

Desde el punto de vista de Dios, la creatividad y la competencia pueden considerarse como conceptos fundamentalmente diferentes, tanto en sus fundamentos como en sus propósitos. La visión divina de la creatividad y la competencia puede ayudar a comprender cómo estas dos fuerzas pueden influir en las organizaciones cristianas y en la vida de las personas en general.

<u>Dios, como el creador supremo, es considerado la fuente de toda creatividad e innovación.</u> La creación es una manifestación del amor y la generosidad divinos, que tienen el propósito de beneficiar a todos los seres. A diferencia de la competencia, que implica una lucha por la supremacía y la búsqueda de superar a otros en el logro de objetivos específicos, la creatividad es un proceso inclusivo y cooperativo. En este sentido, la creatividad es un reflejo del amor de Dios y su deseo de que todos los seres prosperen y vivan en armonía.

La competencia, por otro lado, puede considerarse como un enfoque más limitado y, a veces, destructivo. A menudo implica una lucha por el poder, los recursos o el reconocimiento, en la que uno gana a expensas del otro. Aunque la competencia puede motivar a las personas a mejorar y a superarse a sí mismas, también puede generar conflictos y rivalidades que socavan la unidad y la cooperación. Desde la perspectiva divina, la competencia puede ser vista como una consecuencia de la naturaleza humana imperfecta y, a menudo, egoísta.

Con esta perspectiva en mente, es posible abordar la relación entre la creatividad y la competencia en el contexto de las iglesias e instituciones cristianas. La misión de estas organizaciones es difundir el mensaje de amor, esperanza y redención a través de la fe y la práctica espiritual. Al centrarse en la creatividad en lugar de la competencia, las iglesias e instituciones tienen la oportunidad de encontrar maneras innovadoras y efectivas de llegar a las personas y compartir el mensaje divino.

Una forma en que las iglesias e instituciones cristianas pueden adoptar la creatividad y superar la competencia es mediante el uso de la inteligencia artificial (IA) para mejorar su efectividad en la comunicación y el ministerio. La IA puede ayudar a las organizaciones religiosas a analizar datos, identificar patrones y desarrollar estrategias de comunicación personalizadas para llegar a más personas y adaptarse a sus necesidades espirituales de manera más efectiva.

Al adoptar un enfoque creativo y cooperativo, las iglesias e instituciones pueden unir sus esfuerzos en la búsqueda de un objetivo común: ganar almas y fomentar el crecimiento espiritual de las personas. Esto podría implicar compartir recursos, conocimientos y experiencias para crear programas y actividades que enriquezcan la vida de las personas y las acerquen a Dios.

La colaboración entre las organizaciones religiosas también puede fomentar un entorno en el que la creatividad florezca, y las ideas y soluciones innovadoras surjan de manera natural. De esta manera, la creatividad y la colaboración pueden conducir a un mayor crecimiento y éxito para todas las iglesias e instituciones involucradas, en lugar de una situación en la que algunas triunfen a expensas de otras.

Tácticas Vs Estrategias:

Cuando hablamos de estrategias, es fundamental no confundirlas con tácticas. Hoy en día en las redes sociales, muchas personas mencionan que van a implementar una "estrategia" para ganar más seguidores, realizando concursos, promociones o regalando algo. Aquí es donde se produce la confusión: esas acciones son tácticas, no estrategias.

Las tácticas se utilizan para incrementar interacciones, seguidores y el compromiso ('engagement') con tu audiencia. Estas acciones son parte de una agenda de actividades y tareas que debes llevar a cabo en las cuentas de redes sociales, de acuerdo con el perfil y la audiencia a la que te diriges. Las tácticas te ayudan a alcanzar objetivos específicos, pero no son sinónimo de estrategia.

Por otro lado, la estrategia es el núcleo o fundamento sobre el cual se basa tu enfoque en las redes sociales y plataformas digitales como YouTube, Instagram, Facebook y Twitter. La estrategia implica una visión a largo plazo y un plan sólido para alcanzar tus metas generales en el marketing digital.

Para desarrollar una estrategia efectiva en marketing digital, es necesario tener en cuenta cuatro aspectos fundamentales:

Objetivos claros: Define cuáles son tus metas a largo plazo en el marketing digital. Por ejemplo, aumentar la visibilidad de tu marca, incrementar las ventas, fidelizar a tus usuarios o mejorar la comunicación con tu audiencia.

Análisis de la situación actual: Evalúa tus recursos, fortalezas, debilidades, oportunidades y amenazas en el entorno digital. Esto te permitirá identificar áreas de mejora y aprovechar las oportunidades para crecer.

Segmentación y definición de la audiencia: Identifica a quiénes te diriges con tus mensajes y contenidos. Conoce sus necesidades, preferencias y comportamientos para crear contenidos relevantes y personalizados que generen engagement.

Elección de canales y tácticas: Selecciona las plataformas digitales y las tácticas que mejor se adapten a tus objetivos y audiencia. Recuerda que no todas las redes sociales y tácticas funcionan igual para todos los públicos y objetivos.

Una vez que hayas establecido tu estrategia, podrás implementar las tácticas adecuadas para alcanzar tus objetivos en marketing digital. No olvides monitorear y analizar los resultados de tus acciones para ajustar y optimizar tu enfoque a lo largo del tiempo. De esta manera, podrás garantizar el éxito de tus esfuerzos en el entorno digital.

Marketing Framework vs No Marketing Framework:

Para abordar adecuadamente el tema del marketing digital, es esencial contar con un buen plan de marketing. Sin embargo, antes de elaborar dicho plan, es necesario establecer un marco de trabajo o 'framework'. Al hablar de un 'marketing framework', nos referimos a una plataforma sólida, similar a los cimientos sobre los cuales construimos una casa. Si no tenemos una base adecuada, cualquier intento de implementar inteligencia artificial, estrategias de marketing o cualquier otro componente, será inútil, ya que la "casa" se derrumbará. Debemos tener esto claro.

En segundo lugar, dentro de la estrategia, también es fundamental contar con un sistema tecnológico eficiente. Los sistemas tecnológicos, especialmente aquellos que incorporan inteligencia artificial, pueden mejorar drásticamente nuestros esfuerzos en marketing digital, permitiéndonos optimizar y ajustar nuestras acciones de manera más efectiva.

En tercer lugar, es crucial contar con un equipo de trabajo competente y comprometido. Este equipo será el encargado de brindar apoyo en las diferentes áreas del marketing digital, aportando distintas perspectivas y habilidades para alcanzar los objetivos propuestos.

Al contrastar la idea de tener un marco de trabajo sólido frente a una estrategia sin un 'framework' definido, se evidencia la importancia de establecer una base sólida y estructurada. Sin un 'framework', nuestras acciones de marketing carecerán de dirección y cohesión, lo que dificultará la medición de resultados y la identificación de áreas de mejora.

Contar con un 'framework' de marketing digital sólido, un sistema tecnológico eficiente y un equipo de trabajo comprometido son componentes clave para garantizar el éxito de nuestras estrategias de marketing digital. Estos elementos permitirán abordar de manera efectiva los desafíos y oportunidades que se presenten, así como adaptarnos a las constantes transformaciones del entorno digital.

¿Quién, qué, cuándo, dónde y por qué?

Dos son mejor que uno. Cuando uno se cae, el otro lo levanta, dijo el sabio Salomón. En cuarto lugar, necesitamos implementar tácticas diarias en nuestra estrategia de marketing digital, con una programación adecuada. Entonces, en primer lugar, dentro de nuestra estrategia, es fundamental contar con una investigación sólida. La investigación no puede ser menospreciada. En ese sentido, debemos conocer la marca, el producto, el usuario y el perfil en pocas palabras. ¿Quién, qué, cuándo, dónde y por qué? Tenemos que responder a estas preguntas, ya que, de lo contrario, no estamos llevando a cabo una investigación adecuada.

Para cumplir con nuestros objetivos y comprender a nuestra audiencia, debemos emplear diversas herramientas analíticas. Algunas de las herramientas de investigación en marketing digital que podemos utilizar incluyen:

Google Analytics: Esta herramienta proporciona información valiosa sobre el comportamiento de los usuarios en nuestro sitio web, lo que nos permite ajustar nuestras estrategias y mejorar la experiencia del usuario.

Chat GPT: Las herramientas basadas en inteligencia artificial, como Chat GPT, pueden ayudarnos a analizar y comprender mejor el comportamiento y las necesidades de nuestra audiencia.

Herramientas de palabras clave: Las palabras clave son esenciales para mejorar la visibilidad y el posicionamiento de nuestro sitio web. Podemos utilizar herramientas como Google Keyword Planner, que se encuentra dentro de la plataforma Google Ads, para buscar palabras clave relevantes que nos ayuden a conectar con nuestra audiencia. También podemos recurrir a Google AdWords para obtener información adicional y mejorar nuestras campañas publicitarias.

Otras herramientas de investigación: Además de las mencionadas, existen otras herramientas como SEMrush, Ahrefs y Moz, que nos proporcionan información sobre palabras clave, enlaces y análisis de la competencia, lo que nos permite ajustar y mejorar nuestras estrategias de marketing digital.

En resumen, la investigación en marketing digital es esencial para comprender y abordar adecuadamente las necesidades de nuestra audiencia. Al contar con herramientas analíticas sólidas y llevar a cabo investigaciones rigurosas, podremos desarrollar estrategias efectivas y adaptarnos a las constantes transformaciones del entorno digital. No hacerlo nos dejaría a ciegas, lo que dificultaría el éxito de nuestras acciones de marketing en línea.

Google Trend AI

Ahora hay herramientas de inteligencia artificial que facilitan mucho más este proceso. Por ejemplo, Google Trends nos proporciona, con cierto nivel de inteligencia artificial, las tendencias y las palabras clave que se están utilizando en este momento. Es fundamental aprovechar estas herramientas para mejorar nuestras estrategias de marketing digital.

Además del uso de Google Translate, que ha experimentado mejoras significativas gracias a la inteligencia artificial, podemos identificar y analizar áreas de interés, como el branding o la marca. Es crucial comprender cómo identificar y posicionar nuestra marca, ya que esto nos permite definir el propósito y el objetivo principal de la misma.

Al hablar del marco de trabajo o "framework" en marketing digital, es necesario conocer las herramientas que vamos a aplicar. Algunas de estas incluyen:

Website Analytic Data: Ya mencionamos Google Analytics, pero existen otras herramientas como Hotjar o Crazy Egg que nos permiten analizar el comportamiento del usuario en nuestro sitio web, optimizar el diseño y mejorar la experiencia del usuario.

Social Listening: Al hablar de "Social Listening" nos referimos a la escucha activa en el mundo digital, incluyendo redes sociales, blogs y foros. Herramientas como Brandwatch, Mention o Hootsuite nos permiten monitorear menciones de nuestra marca, identificar tendencias y obtener información valiosa sobre nuestra audiencia y competidores.

Estrategia de marca: Desarrollar una estrategia de marca sólida es esencial para diferenciarnos en el mercado y conectar con nuestra audiencia. Herramientas como Canva o Adobe Creative Suite nos ayudan a crear y mantener una identidad visual coherente y atractiva.

En resumen, es fundamental contar con un marco de trabajo sólido en marketing digital, que incluya investigación, inteligencia artificial y diversas herramientas analíticas. Esto nos permitirá desarrollar y ejecutar estrategias de marketing efectivas, adaptándonos a las cambiantes necesidades de nuestra audiencia y destacándonos en el mercado.

McDonald's vs Apple vs Amazon vs Starbucks
¿Quien tiene la mejor estrategia?

Por ejemplo, cuando hablamos de estrategia, es fundamental tener en cuenta el enfoque particular de empresas como McDonald's. Aunque a simple vista podríamos pensar que el principal negocio de McDonald's es vender hamburguesas, en realidad, su principal fuente de ingresos es el sector inmobiliario o "real estate". Como mencionamos anteriormente, la mayoría de los locales de McDonald's en todo el mundo son comprados, lo que convierte a la empresa en propietaria de bienes raíces. Esto significa que su principal objetivo es adquirir propiedades, ya que les generan mayores ingresos que la venta de hamburguesas.

Otros ejemplos de empresas con estrategias interesantes son:

Amazon: Aunque comenzó como una librería en línea, Amazon rápidamente expandió su negocio y se convirtió en un gigante del comercio electrónico. Su estrategia se basa en diversificar su oferta de productos y servicios, y en innovar constantemente. Además de vender productos de todo tipo, Amazon también ofrece servicios como Amazon Web Services (AWS), que es una plataforma de servicios en la nube que genera una parte importante de sus ingresos.

Apple: La estrategia de Apple se centra en la innovación y el diseño de productos de alta calidad. La empresa no solo vende dispositivos electrónicos como iPhones y iPads, sino que también ofrece servicios como Apple Music y iCloud. La estrategia de Apple se basa en la creación de un ecosistema de productos y servicios que fidelicen a sus clientes y les proporcionen una experiencia de usuario única.

IKEA: Aunque es conocida mundialmente por sus muebles y productos para el hogar, una parte significativa del éxito de IKEA se debe a su estrategia inmobiliaria. La empresa es propietaria de muchos de los terrenos y edificios donde se encuentran sus tiendas. IKEA ha adoptado un enfoque similar al de McDonald's al invertir en bienes raíces, lo que le permite controlar sus ubicaciones y reducir costos a largo plazo. Además, la estrategia de IKEA se basa en ofrecer productos de diseño asequibles y funcionales que atraigan a un amplio espectro de clientes y en crear una experiencia de compra única en sus tiendas.

Starbucks: Si bien Starbucks es conocida principalmente por sus bebidas y productos de café, la empresa también ha invertido en estrategias que van más allá de la venta de café. Uno de sus enfoques principales es la creación de un ambiente agradable y cómodo en sus tiendas, lo que anima a los clientes a quedarse y disfrutar de su experiencia en Starbucks. Además, Starbucks ha invertido en tecnología y programas de lealtad para mejorar la experiencia del cliente y fidelizar a sus consumidores. Aunque no se centra en bienes raíces como McDonald's, Starbucks también es propietaria de muchos de sus locales y, al igual que en el caso de IKEA, esto le permite tener un mayor control sobre sus ubicaciones y costos a largo plazo.

Estos ejemplos de empresas exitosas demuestran que, a menudo, las estrategias de negocio exitosas van más allá del producto o servicio principal que ofrecen. Invertir en áreas complementarias, como bienes raíces o tecnología, puede ser una parte crucial de su éxito. Es importante analizar y aprender de estas estrategias para adaptarlas a nuestros propios negocios y aprovechar al máximo las oportunidades que se presentan.

Es esencial analizar las estrategias exitosas de diferentes empresas para comprender cómo pueden adaptarse a diversos contextos y objetivos. Además de enfocarse en sus productos o servicios principales, estas empresas también invierten en otras áreas de negocio que les generan ingresos adicionales y les permiten diversificar su cartera. Al igual que en el caso de McDonald's, esto puede implicar inversiones en bienes raíces, tecnología o incluso en la adquisición de otras empresas. Estudiar estas estrategias nos permite aprender de sus éxitos y aplicarlos a nuestros propios negocios.

Otros ejemplos de ministerios con estrategias interesantes son:

Siguiendo con el análisis de estrategias, podemos observar otros dos ejemplos de ministerios cristianos que, al igual que el Ministerio de Joel Osteen, han desarrollado enfoques exitosos en sus operaciones:

Centro Cristiano - Pastor y Misionero José Satirio Dos Santos: El pastor José Satirio Dos Santos ha sido un líder influyente en la comunidad cristiana en Colombia he Internacionalmente, ha alcanzado a muchas personas con su ministerio a lo largo de los años. La estrategia principal de Centro Cristiano se basa en la plantación de iglesias y la capacitación de líderes para que puedan establecer nuevas iglesias en diferentes regiones y países. Esta estrategia ha permitido un crecimiento constante y ha llevado el mensaje del evangelio a muchas comunidades.

Además de la plantación de iglesias, Centro Cristiano también pone énfasis en la formación y educación teológica, ofreciendo programas de estudios bíblicos, teológicos y ministeriales a través de su instituto bíblico y otros recursos educativos. Estos programas están diseñados para equipar a los líderes y miembros de la iglesia con conocimientos sólidos y habilidades ministeriales para ser efectivos en su trabajo para el Reino de Dios.

Ministerio de Rick Warren (Iglesia Saddleback): Rick Warren, autor del libro superventas "Una vida con propósito", ha desarrollado una estrategia en su ministerio que se centra en las células y grupos pequeños. Saddleback Church ha crecido enormemente al implementar un enfoque basado en la comunidad, en el cual los miembros se reúnen en grupos pequeños para estudiar la Biblia, orar y conectarse con otros creyentes. La iglesia también se enfoca en la capacitación y el desarrollo de líderes, lo que permite un crecimiento sostenible y una mayor influencia en su comunidad y más allá.

Ministerio de Joyce Meyer (Joyce Meyer Ministries): Joyce Meyer es una autora y conferencista cristiana que ha alcanzado a millones de personas en todo el mundo con sus enseñanzas y recursos. Su enfoque estratégico se centra en utilizar diversos medios de comunicación, como la televisión, la radio, los libros, el internet y las redes sociales, para difundir su mensaje y llegar a un público global. Además, su ministerio se enfoca en las misiones y en ayudar a personas necesitadas a través de proyectos de desarrollo social y humanitario.

Estos ministerios, al igual que el Ministerio de Joel Osteen, han encontrado estrategias exitosas que les han permitido llegar a un gran número de personas y expandir su influencia. Estas estrategias incluyen la creación de comunidades sólidas y enfocadas en el crecimiento, el desarrollo de líderes y la utilización de diferentes medios de comunicación para llegar a un público más amplio. Analizar y aprender de estos ejemplos puede ser útil para aquellos que buscan desarrollar estrategias exitosas en sus propios ministerios u organizaciones religiosas.

Casos de Éxitos vs Casos de Fracasos: (Social Media Escucha)

Debemos utilizar herramientas, como las que mencionamos para escuchar, muchas veces no queremos escuchar, pero para conocer bien a nuestra audiencia es necesario escuchar. Si no se escucha, en realidad no se puede saber lo que la otra persona está pensando. Es importante que nosotros escuchemos para poder conocer a nuestra audiencia. Todo esto tiene que ver con el 'PPC' (Pay Per Click) o 'Pago Por Clic', marketing por correo electrónico y todo lo demás. Esto está relacionado con los medios que vamos a utilizar para transmitir nuestro mensaje.

Es fundamental comprender la importancia de utilizar herramientas de escucha en el marketing digital, ya que éstas permiten conocer mejor a la audiencia y adaptar las estrategias de marketing a sus necesidades e intereses. Al comparar casos de éxito con aquellos que no utilizaron estas herramientas, podemos ver claramente cómo el uso adecuado de las herramientas de escucha puede marcar una diferencia significativa en los resultados de las campañas de marketing digital.

Casos de Éxito utilizando herramientas de escucha:

Coca-Cola: La compañía lanzó su campaña "Comparte una Coca-Cola" después de utilizar herramientas de escucha para identificar la tendencia de personalización en las redes sociales. La campaña, que incluía nombres de personas en las etiquetas de las botellas de Coca-Cola, se convirtió en un éxito viral, y las ventas aumentaron significativamente. Coca-Cola pudo identificar y aprovechar una oportunidad de mercado gracias a la información obtenida mediante las herramientas de escucha.

Netflix: La plataforma de streaming utiliza herramientas de escucha para analizar las conversaciones en redes sociales y otros medios digitales para comprender las preferencias de los espectadores y adaptar su contenido a las tendencias emergentes. Esto les permite tomar decisiones informadas sobre qué programas y películas producir o adquirir, lo que ha resultado en una gran cantidad de éxitos y un aumento en el número de suscriptores.

Casos de fracaso por no utilizar herramientas de escucha:

Blockbuster: La icónica cadena de alquiler de películas no logró adaptarse a los cambios en las preferencias de los consumidores y a la transición hacia el entretenimiento digital. No utilizaron herramientas de escucha para identificar y responder a las tendencias emergentes en el mercado, como el crecimiento de los servicios de streaming y la disminución de la demanda de alquileres físicos de películas. Como resultado, la compañía se declaró en quiebra en 2010.

Kodak: La empresa líder en fotografía fracasó al no adaptarse a la revolución digital en la industria. A pesar de ser pioneros en el desarrollo de la tecnología digital, no utilizaron herramientas de escucha para comprender el cambio en las preferencias de los consumidores hacia las cámaras digitales y los smartphones. Kodak no pudo adaptar su modelo de negocio a tiempo y se declaró en quiebra en 2012.

En resumen, el uso de herramientas de escucha en el marketing digital es fundamental para mantenerse al tanto de las tendencias del mercado y las preferencias de los consumidores. Estas herramientas permiten a las empresas adaptar sus estrategias y tomar decisiones informadas, lo que puede marcar la diferencia entre el éxito y el fracaso en el mundo digital altamente competitivo. Algunas herramientas de escucha populares incluyen Hootsuite, Sprout Social y Brandwatch, entre otras.

Éxito de PPC o anuncios vs Fracaso no usaron PPC o anuncios:

Estamos hablando de publicidad pagada. Una vez que tenemos la investigación, el branding, el SEO, el contenido estratégico y demás, entonces podemos pasar a la parte de la publicidad. Esta parte de la publicidad nos llevará, obviamente, a crear un 'engagement', una interacción orgánica, pero también una interacción pagada en los canales digitales que cobran por este servicio. Y, por último, dentro del 'marketing framework' tenemos la medición. Ya hemos hablado de esto anteriormente, pero aquí nos enfocamos en qué está funcionando, qué no está funcionando, qué convierte y qué no convierte. ¿Cuáles son los benchmarks? El nivel de capacidad para medir esa parte, todo lo que son las visitas, lo que está llegando y lo que no está llegando. Así que, de manera general, estamos hablando aquí del 'marketing framework', es decir, de la plataforma.

Éxito en casos de estudio de PPC o anuncios:

Un ministerio cristiano lanzó una campaña de PPC en Google Ads para promover un evento de recaudación de fondos. La campaña tuvo éxito, ya que atrajo a una gran cantidad de donantes y se logró el objetivo de recaudación de fondos.

Otro ministerio cristiano utilizó anuncios en Facebook para promover sus servicios semanales en línea. Como resultado, el número de visitantes en línea se incrementó significativamente, aumentando la interacción y el alcance del ministerio.

Fracaso en casos de estudio que no usaron PPC o anuncios:

Un ministerio cristiano intentó aumentar su audiencia mediante la promoción orgánica en las redes sociales, pero no tuvo éxito ya que su contenido no logró captar la atención de la audiencia deseada.

Otro ministerio cristiano intentó atraer nuevos miembros a través de la promoción en su sitio web, pero sin utilizar anuncios pagados. La falta de exposición en los resultados de búsqueda y en las redes sociales resultó en un crecimiento mínimo en la cantidad de nuevos miembros.

El uso efectivo de la publicidad pagada puede ser un factor clave en la conversión de personas en el contexto de un ministerio cristiano, ya que ayuda a llegar a la audiencia objetivo y a aumentar la visibilidad del mensaje del ministerio.

En segundo lugar, habíamos mencionado un sistema tecnológico que incluye blogs, portales, sitios web, foros y otros elementos. Esto es lo que se llama 'Social Listening', es decir, escucha. Primero que todo, acumulamos datos, escuchamos en YouTube, Facebook, Twitter, Instagram y en todas partes donde haya información en la nube, lo que se dice que es bueno, lo que se dice que es malo y lo que se dice que es neutral. Incluso ahora le estamos dando expresión a si estás triste, contento, si te expresaste bien o no. Esto lo llevamos a lo que es la data semántica. Obviamente, esta data semántica debe ser analizada por un ser humano, donde la inteligencia artificial es una parte, pero el ser humano tiene que analizar para que el sistema comience a aprender a validar la data que es buena y la data que es mala.

Por ejemplo, si estás buscando información de Juan Rodríguez, un político muy conocido en la ciudad de Nueva York, pero hay otro Juan Rodríguez conocido en la Ciudad de México o en Colombia, podríamos estar hablando de tres Juanes Rodríguez con el mismo nombre y apellido muy común. El sistema no sabrá diferenciar cuál es cuál, a menos que nosotros le indiquemos al sistema que busque a Juan Rodríguez solo en Nueva York, por ejemplo. Pero si el Juan Rodríguez de México visita Nueva York y hace algo desde allí, el sistema recogerá esa información, por lo que es necesario que los humanos intervengan en este proceso. El control de calidad es muy importante.

El 'Aprendizaje Automático' (Automatic Learning) es un concepto en el que las máquinas aprenden y mejoran automáticamente. En el siguiente gráfico, podrán ver cómo funciona este proceso y obtener más información sobre él a través de una representación visual.

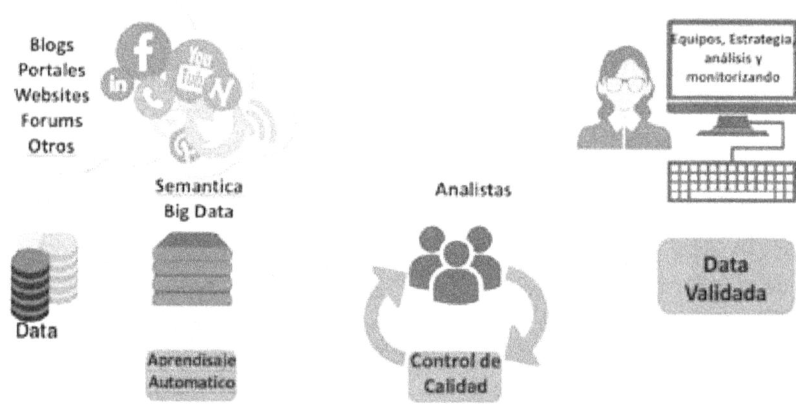

Sinergia en Equipos Vs No Sinergia.

En tercer lugar, analicemos la importancia de la sinergia del equipo en el marketing digital. Para lograr un buen desempeño en este ámbito, es crucial contar con diferentes roles y responsabilidades bien definidos. Al hablar de implementación del equipo, nos referimos a la necesidad de contar con un equipo estratégico en la parte superior, formado por personas que toman decisiones basadas en la información recolectada. Este equipo estratégico debe estar respaldado por un equipo de apoyo que les proporciona insumos y datos relevantes.

Además, es recomendable contar con un equipo de multiplicación, compuesto por líderes e influencers de la marca en el nicho específico. Es fundamental elegir influencers adecuados para la campaña, lo que implica realizar una investigación exhaustiva de la marca y sus conexiones. Como mencionamos anteriormente, es importante realizar ingeniería inversa en este proceso: si un influencer tiene un millón de seguidores en Nueva York, no sería útil contratarlo para una campaña en Colombia, ya que la mayoría de sus seguidores probablemente sean de otra localidad y no aportarían mucho valor.

Analicemos la diferencia entre la sinergia del equipo en el marketing digital frente a la falta de sinergia. La colaboración efectiva entre miembros del equipo y la asignación adecuada de roles y responsabilidades son cruciales para el éxito en este ámbito.

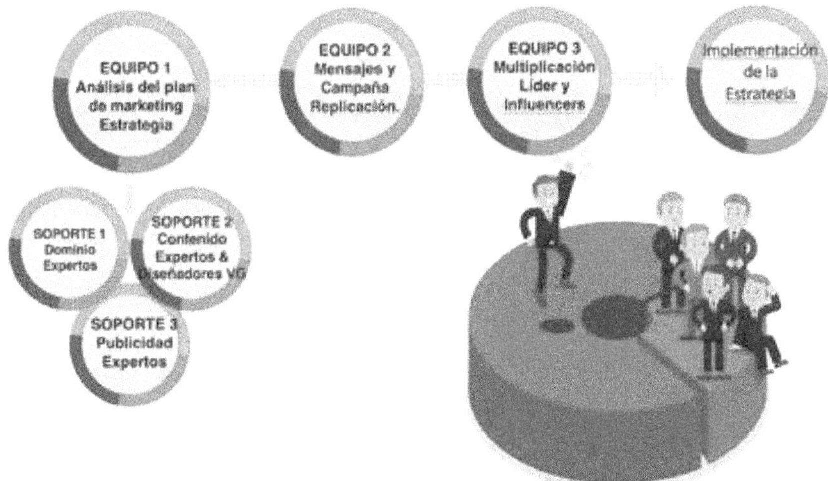

Un enfoque innovador para la sinergia del equipo en marketing digital podría ser la creación de grupos de trabajo temporales o "task forces" que se organicen en torno a objetivos o proyectos específicos. Estos grupos podrían estar formados por miembros de diferentes áreas, como diseño, contenido, redes sociales y análisis, quienes trabajen juntos en una campaña o iniciativa concreta.

Caso de éxito en implementación de equipo con sinergia: Imaginemos una empresa que se dedica a la venta de productos ecológicos. Para promocionar una nueva línea de productos, la empresa crea un grupo de trabajo formado por expertos en sostenibilidad, diseñadores, creadores de contenido y especialistas en redes sociales. Juntos, desarrollan una campaña de marketing digital que combina contenido educativo sobre el medio ambiente y el impacto de los productos ecológicos con promociones específicas y colaboraciones con influencers comprometidos con la sostenibilidad. La campaña resulta en un aumento significativo de las ventas y la concienciación sobre la importancia de consumir productos ecológicos.

Caso de fracaso en implementación de equipo sin sinergia: Por otro lado, una empresa que vende productos deportivos decide promocionar su nueva línea de ropa deportiva sin establecer una colaboración efectiva entre los miembros del equipo de marketing. Cada área trabaja de forma independiente y sin coordinación, lo que resulta en una campaña incoherente y poco atractiva para los consumidores. Como resultado, la empresa no logra aumentar sus ventas ni mejorar su imagen de marca.

Acciones prácticas para fomentar la sinergia del equipo en marketing digital:

1. Establecer objetivos claros y compartidos: Asegúrese de que todos los miembros del equipo comprendan los objetivos de la campaña y cómo sus tareas individuales contribuyen al éxito general.

2. Fomentar la comunicación y la colaboración: Facilite la comunicación entre los miembros del equipo y anime a compartir ideas, información y recursos relevantes.

3. Implementar reuniones regulares de seguimiento y evaluación: Realice reuniones periódicas para revisar el progreso de la campaña y discutir posibles ajustes o mejoras.

La sinergia del equipo en marketing digital es fundamental para lograr resultados exitosos. La colaboración y asignación adecuada de roles y responsabilidades pueden marcar la diferencia en el éxito de una campaña y, en última instancia, en la capacidad de ganar más seguidores y almas para Dios y el ministerio cristiano.

Resumen:

Finalmente, en el último paso, abordamos la implementación de todos estos aspectos y los objetivos relacionados con el marketing que desea llevar a cabo al desarrollar su estrategia. Dentro de esta estrategia, y considerando los elementos que ya hemos mencionado, es fundamental centrarse en el "building branding", es decir, en la construcción y reconocimiento de la marca.

El objetivo de construir el reconocimiento de la marca es llevar a cabo acciones que generen engagement y, posteriormente, conversiones. Esto resultará en un aumento del tráfico, interacciones y, obviamente, también debe haber beneficios para las personas que interactúan o siguen a la marca. En este ámbito, el enfoque debe estar en reforzar o reinventar la marca, según lo que la empresa esté buscando.

Acciones prácticas para construir el reconocimiento de la marca en la estrategia de marketing digital:

1. Definir la identidad de la marca: Asegúrese de que su marca tenga una imagen y un mensaje claros y coherentes en todas las plataformas digitales. Esto incluye el diseño, el tono y la forma de comunicarse con su audiencia.

2. Crear contenido relevante y valioso: Desarrolle contenido que sea útil, informativo y entretenido para su audiencia. Esto puede incluir artículos de blog, videos, publicaciones en redes sociales e infografías, entre otros.

3. Establecer relaciones con influencers y líderes de opinión: Colabore con personas influyentes en su industria para aumentar la visibilidad de su marca y llegar a nuevas audiencias.

4. Monitorear y medir los resultados: Utilice herramientas de análisis y seguimiento para medir el éxito de sus acciones de branding y ajustar su estrategia según sea necesario.

La construcción y reconocimiento de la marca son componentes esenciales en el desarrollo de una estrategia de marketing digital efectiva. Al enfocarse en estos aspectos, podrá generar engagement y conversiones, lo que a su vez se traducirá en un aumento del tráfico e interacciones con su marca. Esto es crucial para el éxito y crecimiento de cualquier negocio en el entorno digital actual.

Como mencionamos anteriormente y para repasar brevemente, *es crucial definir tu audiencia. También es importante entender las necesidades de las personas a las que te diriges y reconocer los aspectos clave que necesitan o experimentan. Otra consideración relevante es monitorear a tu competencia de forma continua, no solo una vez.*

Además, es recomendable adoptar un diseño minimalista en las redes sociales y otros canales de comunicación, ya que los diseños muy recargados suelen no funcionar bien en estos entornos. Es fundamental ejecutar todas estas acciones con integridad. Ser íntegro en todo lo que haces es de vital importancia, porque, aunque la gente pueda comprar tus productos o servicios durante el primer o segundo mes, si no muestras integridad, con el tiempo perderás clientes y reputación.

Tener en cuenta estos aspectos clave te permitirá desarrollar una estrategia de marketing sólida y efectiva. La combinación de un enfoque en la audiencia, la atención a sus necesidades, el monitoreo de la competencia, la adopción de un diseño minimalista y la integridad en la ejecución de tus acciones es fundamental para garantizar un crecimiento sostenible y el éxito en el entorno digital actual.

En séptimo lugar, es fundamental ser consistente; no puedes dejar de serlo, debes mantener la constancia. En octavo lugar, establece un sistema de retroalimentación. No se trata solo de bombardear constantemente a tu audiencia, sino también de recibir sus respuestas y proporcionar respuestas oportunas. Aquí es donde ser oportunista, en el buen sentido de la palabra, entra en juego. Aprovecha las preguntas de tus seguidores para fidelizarlos y establecer relaciones duraderas con ellos.

En décimo lugar, cuando integramos todo el concepto de la campaña dentro de ese entorno, pasamos a las promociones. Diseñar y ofrecer promociones atractivas y efectivas es una parte integral de cualquier estrategia de marketing exitosa. Esto ayudará a mantener a tu audiencia interesada y comprometida, lo que a su vez generará conversiones y crecimiento sostenible para tu negocio o proyecto.

Así que, una vez que tenemos en cuenta toda la plataforma de estrategia, abordamos el mensaje a nuestra audiencia. En las redes sociales o en los canales digitales, lo que casi siempre importa es la capacidad de crear emociones. Las personas son muy emotivas y se conectan con las emociones, por lo que es fundamental tener esto en cuenta al diseñar nuestra estrategia. Debemos preguntarnos: **¿Mi marca genera emociones?** ¿Cuál es la estrategia principal de mi marca? Por ejemplo, si vendemos hamburguesas, debemos considerar si hay algo más detrás de nuestro producto. ¿Qué ofrece realmente mi marca? ¿Está vendiendo simplemente ese producto, o está vendiendo un sentimiento que deseamos que las personas experimenten al utilizar nuestro producto? Al responder a estas preguntas, podremos diseñar estrategias más efectivas y atractivas para nuestra audiencia.

Reconocimiento de Marca + Emociones

"Ah, pero mira, yo vendo un perfume" – un perfume de cierta marca. Pero en realidad no estamos vendiendo solo la fragancia; estamos vendiendo cómo se siente la gente después de usar la fragancia, cómo se sienten bien, olorosos, perfumados y cómo creen que atraerán a las personas que están a su alrededor. Es un magnetismo, es decir, queremos que la gente se sienta bien. **Enfocarse en las emociones es casi siempre el núcleo de la estrategia, ya que las personas compran, en muchos casos, por impulso, pero también adquieren cosas que les generan cierto tipo de emociones.**

Profundización: es fundamental capturar la retroalimentación en tiempo real para comprender cómo se sienten los consumidores con respecto a nuestra marca y ajustar nuestra estrategia en consecuencia. Por ejemplo, si descubrimos que una campaña publicitaria no genera la emoción deseada, podemos ajustarla para lograr una conexión emocional más sólida.

Ejemplo práctico: una marca de chocolates podría centrarse en cómo sus productos brindan momentos de felicidad y conexión con seres queridos en lugar de solo enfocarse en el sabor del chocolate. Al vincular sus productos con emociones positivas, como el amor y la alegría, la marca atraerá a más consumidores.

Godiva Chocolatier, es un ejemplo sobresaliente de cómo una marca de chocolates utiliza las emociones en su estrategia de branding para conectar con sus clientes. La empresa se ha posicionado como una marca de lujo y sofisticación en el mercado de chocolates, y ha creado una experiencia única en torno a sus productos.

Experiencia de lujo: Godiva apuesta por una presentación elegante y cuidada en sus empaques, así como en la decoración de sus tiendas, lo que evoca emociones de indulgencia y exclusividad. Esto permite que los clientes se sientan especiales y mimados al comprar y disfrutar de los productos de la marca.

Momentos especiales: La compañía promueve sus chocolates como el regalo perfecto para celebraciones y momentos especiales. Al asociar sus productos con ocasiones importantes y festivas, Godiva logra evocar emociones como el amor, la gratitud y la alegría en sus clientes.

Narrativa de la marca: Godiva cuenta con una rica historia que comenzó en Bélgica en 1926 y ha sabido transmitir esta herencia a través de su narrativa de marca. Al contar su historia y destacar la calidad y tradición de sus productos, la compañía genera emociones de confianza y admiración en sus consumidores.

Acciones:

1. Identifica las emociones que deseas que tu marca evoque en tus usuarios y diseña tu estrategia de marketing y comunicación para que se centre en estas emociones.

2. Presta atención a la retroalimentación de los usuarios, tanto en las redes sociales como en otros canales de comunicación, para comprender si estás logrando generar las emociones deseadas.

3. Personaliza tu comunicación y acércate a tus clientes de manera más individualizada. Esto te permitirá generar conexiones emocionales más fuertes y aumentar el valor en la vida, o "Life Time Value", para tus seguidores a través de la comunicación.

Todo el mundo quiere sentirse importante; tienes que darles cierto tipo de exclusividad, detalles y reenganchar con ellos constantemente. Es necesario tener un sistema. Recuerda que, si no hay sistema, no importa si tienes una estrategia de marketing; necesitas un sistema para poder salir de la carrera de la "rata". *La "carrera de la rata" es una expresión en inglés que hace referencia a la rutina diaria y a la lucha constante por conseguir éxito y seguridad económica en la vida. En términos simples, la "carrera de la rata" describe la situación en la que las personas trabajan duro y compiten entre sí para ganar dinero, pero al final no logran salir de la rutina y alcanzar la verdadera satisfacción o libertad financiera".* Tener un sistema te ayudará a construir relaciones sólidas, así que también es importante identificar quiénes son esos seguidores después de tener la estrategia definida. El centro donde estás montando todo debe estar conectado con ellos.

Ahora, algunas metas y estrategias que debes tener en cuenta dentro de esa estrategia principal es que todo esto debe estar planificado. Una herramienta de escucha, como "Listening Tool", es esencial (para que tengas una idea, está brandwatch.com). Hay varias herramientas de escucha, como "SimplyMeasure". Estas herramientas te permiten monitorear y analizar las conversaciones y tendencias en línea, lo cual te ayuda a comprender mejor a tu audiencia y a adaptar tu estrategia de marketing en consecuencia.

Plan de Redes Sociales Vs No Plan

También es fundamental contar con un plan de social media. Este plan no puede ser ignorado; debe ser completo y abarcar el día a día, el trimestre y el año completo. No caigas en la trampa de pensar que lo harás día a día porque no será efectivo. Planifica adecuadamente.

Además, te sugiero que también tengas una planificación de contenido. No puede ser aburrido y también debes estar al tanto de lo que hace tu competencia, lo que funciona y lo que no funciona, siempre y cuando sea aplicable a tu audiencia. Usa el método de prueba y error: si funciona, perfecto, y si no, cambia de tácticas.

En cuanto a la publicidad, siempre debes pensar en agregar valor. Si no lo haces, hay un problema, y es que "el contenido es rey". Entonces, según lo mencionado, ya estamos claros en cuanto a qué es la estrategia en el marketing digital.

Diferencias entre tener un plan de social media marketing y no tenerlo:

1. Efectividad y organización: Un plan de social media marketing permite a las empresas ser más efectivas y organizadas en sus esfuerzos de marketing. Por ejemplo, al tener un plan, puedes

anticipar las tendencias y eventos relevantes para tu audiencia y programar contenido relacionado con anticipación.

2. Análisis y mejora continua: Cuando tienes un plan, puedes establecer objetivos y métricas clave para medir el desempeño de tus esfuerzos en redes sociales. Esto te permite analizar qué está funcionando y qué no, y realizar ajustes en tu estrategia para mejorar continuamente.

Ventas Vs Marketing

Dentro del marketing, ahora lo que sigue son las ventas. Recordemos que ventas no es marketing y marketing no es ventas; ambos se complementan, pero no son iguales. Cuando hablamos de ventas, nos referimos ya a usuarios que se interesaron por comprar el servicio o el producto, es muy importante. Pero, para que exista en realidad una venta, tiene que pasar por los diferentes procesos dentro de la estrategia principal que se ha formulado, por ejemplo, la parte del mensaje del marketing, cuáles son las metas de ese marketing y el contenido de ese marketing que ya hemos hablado.

Explicaciones detalladas:

1. Ventas: Las ventas se enfocan en la transacción directa entre la empresa y el cliente, es decir, la compra del producto o servicio ofrecido. Las técnicas de ventas pueden incluir el uso de promociones, descuentos y ofertas especiales para incentivar la compra.

2. Marketing: El marketing, por otro lado, se centra en la creación de conciencia y el establecimiento de una conexión emocional entre la marca y el cliente. Esto incluye el desarrollo de campañas publicitarias, la gestión de redes sociales y la creación de contenido atractivo para la audiencia.

Ejemplos prácticos:

1. Ventas: Un equipo de ventas podría enfocarse en contactar a clientes potenciales directamente, ofreciendo demostraciones de productos y servicios, y cerrando tratos.

2. Marketing: Una campaña de marketing podría incluir la creación de contenido educativo y entretenido en redes sociales, blogs y sitios web, así como la realización de eventos y promociones para atraer a nuevos clientes.

Pasos accionables:

1. Establece metas claras para tus equipos de ventas y marketing, asegurándote de que ambos entiendan sus roles y responsabilidades, y cómo sus esfuerzos se complementan entre sí.

2. Implementa estrategias de marketing que aumenten la conciencia de la marca y generen interés en tus productos o servicios, creando una base sólida para el proceso de ventas.

3. Capacita a tu equipo de ventas en técnicas efectivas de comunicación y negociación para cerrar tratos y convertir a los clientes interesados en compradores leales.

Lead Vs Sales

Una vez que todo eso ya se ha realizado, entonces pasamos a las llamadas o interesantes prospectos, pero antes del prospecto viene lo que es el límite. El lead es como esa guía de que alguien se interesó, pero no se interesó lo suficiente, simplemente levantó la bandera de decir ya por lo menos me conocen y eso se hace de diferentes maneras, con diferentes metas que uno pueda establecer, es muy importante eso, que uno pueda establecer esas metas. Por ejemplo, dentro del plan que se pueda hacer, con una infografía, con vídeos con diferentes tipos de contenidos. Pero que ese contenido esté creado alrededor de ese avatar, específico que ya hablamos. Luego de que el lead es generado, entonces ya esa persona pues se puede convertir en un prospecto y este, puede quedar interesado.

Explicaciones detalladas:

1. Lead: Un lead es un contacto que ha mostrado interés en los productos o servicios de una institución, pero que aún no ha tomado la decisión de comprar. Los leads se generan a través de diferentes tácticas de marketing, como la promoción de contenido, la publicidad y las redes sociales.

2. Prospecto: Un prospecto es un lead que ha demostrado un interés más profundo en los productos o servicios de una institución y se considera más cerca de realizar una compra. Los prospectos suelen estar en contacto directo con el equipo de ventas y reciben más información y seguimiento para ayudarlos a tomar una decisión de compra.

Ejemplos prácticos:

1. Lead: Un usuario que se suscribe al boletín informativo de una institución después de leer un artículo en su blog es un ejemplo de un lead. Aunque han mostrado interés en la marca, aún no han tomado medidas para comprar.

2. Prospecto: Un lead que solicita una demostración del producto o más información sobre el servicio que ofrece la institución es un ejemplo de un prospecto. Este individuo está más comprometido y es más probable que realice una compra en el futuro cercano.

Pasos accionables:

1. Diseña estrategias de marketing que generen leads de calidad para tu negocio, como ofrecer contenido valioso y atractivo que resuelva problemas o preguntas que puedan tener tus clientes potenciales.

2. Implementa un proceso de seguimiento y nutrición de leads para transformarlos en prospectos. Esto puede incluir el envío de correos electrónicos con contenido personalizado, promociones especiales o invitaciones a eventos.

3. Capacita a tu equipo de ventas para identificar y priorizar los prospectos más prometedores, y desarrolla una estrategia de seguimiento personalizada para cada uno, con el objetivo de convertirlos en clientes satisfechos.

Eso, entonces lleva a tener un plan específico de cómo yo puedo ayudar a ese prospecto a identificar sus necesidades y resolver sus problemas. Ojo, siempre tenemos que pensar cómo le vamos a resolver el problema a la persona que está del otro lado. Luego de eso, pues muy probablemente, ya que la persona te ve como una opción, entra la parte de oportunidades. Entonces, esa parte de oportunidades es donde yo le digo a la persona: "Mira, es importante que tú en realidad tengas esta información hoy, mañana o en dos días te mando otra información con mucho más valor", y comienzo a nutrir a esa persona hasta que se convierta en realidad en un seguidor, un seguidor de la institución con la que ya hemos venido trabajando. ¡Ojo!, aquí todavía no se ha generado una venta porque simplemente se obtuvo el correo electrónico y el teléfono.

Para desarrollar el concepto de nutrición de prospectos y convertirlos en seguidores, considera lo siguiente:

Explicaciones detalladas:

Creación de contenido relevante y personalizado: es fundamental desarrollar contenido que aborde las necesidades y preguntas específicas de tus prospectos. Puedes hacerlo, por ejemplo, compartiendo enseñanzas bíblicas que se relacionen con las preocupaciones y desafíos que enfrentan en sus vidas diarias. Al ofrecer contenido que resuene con sus experiencias personales, tendrás más posibilidades de mantener su interés y fomentar un compromiso más profundo con tu ministerio.

Establecimiento de una relación sólida con los prospectos: La clave para convertir a los visitantes de tu iglesia en seguidores leales y comprometidos es construir relaciones sólidas y significativas con ellos. Debes esforzarte por conocer a tus prospectos a nivel personal y comprender sus necesidades espirituales. Esto te permitirá guiarlos de manera efectiva a través de su camino espiritual y ofrecerles el apoyo que necesitan para crecer en su fe.

Ejemplo práctico:

Nutrición de prospectos en un ministerio cristiano: Imagina que eres el pastor Satirio Dos Santos y quieres mantener a los visitantes de tu iglesia interesados y comprometidos. Puedes nutrir a tus prospectos enviándoles contenido inspirador y educativo, como devocionales diarios, estudios bíblicos semanales y testimonios de miembros de la congregación que han experimentado transformaciones significativas en sus vidas a través de la fe.

Convertir prospectos en seguidores leales en un ministerio cristiano: Al proporcionar contenido valioso y relevante a los visitantes de tu iglesia, aumentas la probabilidad de que se conviertan en seguidores leales de tu ministerio y, finalmente, en miembros activos y comprometidos de la congregación.

Pasos accionables:

1. Crea un plan de nutrición de prospectos para tu ministerio que incluya el envío de contenido útil y relevante en un horario regular. Asegúrate de que el contenido esté personalizado para cada prospecto y que aborde sus necesidades espirituales y preguntas específicas sobre la fe.

2. Monitorea el progreso de tus prospectos a lo largo del proceso de nutrición y ajusta tu enfoque según sea necesario. Presta atención a las señales que indican que un prospecto está listo para pasar al siguiente paso en su camino espiritual, como asistir a un grupo de estudio bíblico, participar en un evento de la iglesia o solicitar apoyo pastoral.

Comunicación Sin Conexion

Luego, la persona pasa a la lista de prospectos, pero es necesario identificar bien su problema una vez que ya entró, y esto se debe a que, aunque estemos apuntando a un mercado específico, tal vez el problema de algunos sea diferente, aunque la solución sea la misma y tú la tengas en la mano. Tenemos que considerar que ese prospecto, obviamente, tiene sus problemas; y ya una vez comenzamos a nutrirlo, esto es muy sencillo. Por ejemplo, si eres predicador o predicadora, un mercadólogo, un abogado, un médico, un ingeniero, no importa la profesión en la que te encuentres, incluso si eres pastor. Pondré el caso del pastor por familiaridad: si un pastor, en primer lugar, tiene 5,000 seguidores, es importante saber, ¿quiénes son esos seguidores? para poder ayudar a esos seguidores a resolver sus problemas. Entonces, muchas veces tenemos 5,000 seguidores y no los conocemos, o tal vez vamos a decir que conocemos muy pocos, 3, 4, 5, 10, tal vez 100 personas como mucho.

Entonces, podrías pensar: "Bueno, tendría que conocer a los 5,000", la respuesta es "NO" pero para eso están los sistemas, y de eso estamos hablando aquí. El sistema, cuando utilizamos la inteligencia artificial, nos puede decir y llevarnos a cierto punto para saber qué grupo necesita qué. Por ejemplo, si hay un grupo que simplemente está sufriendo de depresión, entonces hay una serie de artículos y correos electrónicos específicos para ellos, como 15 correos para lidiar con la depresión día a día. El pastor ya habló en un mensaje sobre eso, y ese mensaje puede ser convertido en un artículo, el cual puede dividirse en 15 diferentes correos para entregárselos en cápsulas pequeñas, para que la persona pueda digerirlo. Esto se debe a que no todos se sentarán a leer un artículo que le tomó al pastor 30 o 40 minutos exponerlo.

Detalle en profundidad: Escuchar a la audiencia

1. Explicación: Al prestar atención a las necesidades y preocupaciones de tu audiencia, podrás adaptar tus mensajes y contenidos a sus problemas específicos.

2. Ejemplo práctico: Si te das cuenta de que un gran número de seguidores está lidiando con la ansiedad, podrías crear una serie de mensajes, artículos o videos abordando este tema desde una perspectiva espiritual o práctica.

3. Acción: Utiliza herramientas de análisis de redes sociales o encuestas para conocer las necesidades y preocupaciones de tu audiencia, y crea contenidos adaptados a ellas.

Detalle en profundidad: Comunicación bidireccional

1. Explicación: No se trata solo de transmitir mensajes; también es crucial permitir que tu audiencia se comunique contigo y entre sí, para crear una comunidad y fomentar el apoyo mutuo.

2. Ejemplo práctico: Un pastor podría organizar sesiones de preguntas y respuestas en vivo, grupos de discusión en línea o eventos presenciales donde los miembros de la comunidad puedan compartir sus experiencias y desafíos.

3. Acción: Establece canales de comunicación accesibles y fomenta la participación activa de tus seguidores, ofreciéndoles un espacio seguro para expresar sus pensamientos y necesidades.

La oportunidad que se está presentando y que queremos fidelizar refuerza y valida en realidad el contenido de valor que estamos agregando. Ya una vez ocurre que la persona está identificada y todo lo demás, hay una alta probabilidad de que las personas se conviertan en un usuario, en alguien que adquiera el servicio o el producto que estamos ofreciendo.

Se ve muy bonito decir "vamos a conectar con las personas y presentarles a Cristo", pero hay un proceso y una ciencia detrás de ello. Si sabes utilizarla correctamente, ahora más que nunca podrás hacerlo en un 20% del tiempo que regularmente se invertía. De modo que, si antes invertías una hora, muy probablemente inviertas solo 10 a 15 minutos para hacer lo mismo.

Detalle en profundidad: Comunicación efectiva

1. Explicación: La comunicación efectiva va más allá de simplemente transmitir un mensaje; implica entender a tu audiencia y adaptar tu enfoque para que realmente conectes con ellos.

2. Ejemplo práctico: Un pastor podría adaptar sus sermones o talleres según las necesidades y preferencias de su audiencia, utilizando ejemplos relevantes y un lenguaje claro y accesible.

3. Acción: Investiga y comprende a tu audiencia, ajusta tu mensaje y enfoque, y siempre busca feedback para mejorar la comunicación.

Detalle en profundidad: Conexión genuina con las personas

1. Explicación: Conectar con las personas implica establecer relaciones auténticas y significativas, yendo más allá de la comunicación unidireccional para involucrar y apoyar a tu audiencia.

2. Ejemplo práctico: Un pastor podría organizar eventos sociales o actividades comunitarias donde los miembros puedan conocerse, compartir sus experiencias y fortalecer sus relaciones, tanto con el líder espiritual como entre ellos.

3. Acción: Dedica tiempo a interactuar personalmente con tu audiencia, mostrando empatía y apoyo, y fomenta un entorno donde las personas puedan sentirse cómodas compartiendo sus pensamientos y experiencias.

Entonces, si tú entras en lo que es retener a ese usuario, es importante tener también una lista para seguir nutriéndolo ya ahora como usuario. Y ahí entra el tema de lo que es soporte al usuario. Ahí entra el mensaje de bienvenida, ahí entran las llamadas, por ejemplo, de encuestas para yo saber en realidad, "¿pero bueno, ¿cómo voy a hacer eso?", se preguntará, bueno, todo con inteligencia artificial. Vamos a pasar a esas herramientas pronto, no te desesperes ni te saltes estos capítulos porque aquí estamos tratando de crear algo duradero, de crear algo que en realidad nos ayude a avanzar firmemente.

Recuerda, lo importante es tener el fundamento, porque si no hay fundamento, la casa se derrumba cuando viene una tormenta, y eso pasa muchas veces cuando no tenemos fundamentos de las cosas y vienen los malos tiempos. Entonces, queremos dejar todo lo que estábamos haciendo porque vemos que no funciona y, en realidad, saltamos a otra cosa y después saltamos a otra cosa. Si seguimos saltando, obviamente no avanzamos en ninguna, porque vivimos de cosa en cosa. Entonces, es importante crear un fundamento sólido para que, cuando vengan esos tiempos difíciles, sepas dónde estás parado, sepas en realidad lo que estás haciendo y simplemente pases ese tiempo difícil y puedas salir más fortalecido.

- Resiliencia y Marketing Digital:

En un ministerio, la resiliencia es crucial para enfrentar las adversidades y superar los desafíos que se presentan. Un ejemplo práctico es cuando un líder espiritual enfrenta una disminución en la asistencia a los servicios religiosos o en el apoyo financiero. En lugar de desanimarse, el líder puede buscar formas de adaptarse y fortalecer su ministerio, como ofrecer programas y actividades más atractivas, o explorar nuevas formas de recaudar fondos. Aquí es donde el marketing digital puede ser útil, al ayudar a promocionar eventos y actividades en línea, o al utilizar las redes sociales y otras plataformas digitales para conectar con la comunidad y aumentar la visibilidad del ministerio.

- Evaluación y Inteligencia Artificial:

Es importante llevar a cabo evaluaciones periódicas en tu ministerio para identificar áreas de mejora y asegurar que los objetivos y metas se estén cumpliendo. Por ejemplo, un pastor puede evaluar la efectividad de sus sermones analizando la participación y el compromiso de los feligreses, o realizando encuestas para obtener comentarios y sugerencias. La inteligencia artificial (IA) puede ser útil en este proceso, al analizar datos y proporcionar información sobre el comportamiento y las preferencias de la congregación, lo que permite a los líderes adaptar sus enfoques de manera más eficiente y personalizada.

Acción 1 - Implementar Marketing Digital en tu ministerio:

Establece un plan de marketing digital para tu ministerio que incluya metas a corto, mediano y largo plazo, y define las estrategias para alcanzarlas. Esto puede incluir el uso de redes sociales, correo electrónico, publicidad en línea y otras tácticas digitales para promover eventos, compartir contenido relevante y atraer a la comunidad.

Acción 2 - Utilizar la Inteligencia Artificial para mejorar la conexión con la Iglesia:

Implementa soluciones de inteligencia artificial en tu ministerio para ayudar a identificar tendencias, comportamientos y necesidades de tu congregación. Esto puede incluir herramientas de análisis de datos para evaluar la efectividad de tus sermones y programas, o chatbots y asistentes virtuales que proporcionan soporte y asesoramiento personalizado a los miembros de la comunidad.

LA LLAVE CLAVE #3
Los Fundamentos de la Fe:
Entendiendo Lucas 19:10

3.1. La identidad del Hijo del Hombre

Explicación detallada:

La frase "Hijo del Hombre" se usa en los Evangelios como un título para Jesús. Este título enfatiza la humanidad de Jesús y su conexión con la humanidad, al mismo tiempo que significa su autoridad divina y su misión única como el Mesías.

Ejemplo práctico:

Al compartir el Evangelio, es fundamental ayudar a las personas a comprender la naturaleza dual de Jesús como humano y divino. Esto les permitirá apreciar su sacrificio en la cruz y su capacidad para empatizar con las experiencias humanas.

Pasos accionables:

1. Estudie los diversos pasajes en los Evangelios donde Jesús es llamado Hijo del Hombre.

2. Enfatice la humanidad y divinidad de Jesús al discutir su identidad y misión.

3. Utilice historias o analogías relacionables para ayudar a ilustrar la importancia de Jesús como el Hijo del Hombre.

3.2. Los perdidos

Explicación detallada:

El término "perdidos" se refiere a aquellos que están espiritualmente desconectados de Dios y desconocen su amor y gracia salvadora. La misión de Jesús, según se describe en Lucas 19:10, es buscar y salvar a estas personas perdidas, llevándolas de regreso a una relación con Dios.

Ejemplo práctico:

Una persona que nunca ha escuchado el Evangelio o se siente abrumada por la culpa y la vergüenza puede considerarse "perdida". Al compartir el mensaje del amor y el perdón de Jesús, podemos ayudar a estas personas a encontrar esperanza y sanación en Cristo.

Pasos accionables:

1. Ore por sabiduría y discernimiento para identificar a aquellos que pueden considerarse "perdidos".

2. Desarrolle un enfoque compasivo y empático al interactuar con personas que puedan estar luchando con su fe o sintiéndose desconectadas de Dios.

3. Comparta testimonios personales o historias de otros que hayan encontrado esperanza y sanación a través de Jesús, enfatizando su poder para transformar vidas.

3.3. La búsqueda

Explicación detallada:

El aspecto de "búsqueda" de la misión de Jesús se refiere a su búsqueda activa de los perdidos, demostrando su amor incansable y su deseo de que todos sean salvos. Como seguidores de Cristo, estamos llamados a unirnos a esta misión de búsqueda, acercándonos a aquellos que aún no conocen a Dios.

Ejemplo práctico:

Una iglesia o ministerio podría organizar eventos de alcance o viajes misioneros, interactuando con comunidades locales o globales para compartir el Evangelio y servir a los necesitados.

Pasos accionables:

1. Planifique y participe en eventos de alcance o viajes misioneros que se centren en llegar a los perdidos.

2. Construya relaciones con personas en su comunidad o círculos sociales que puedan estar buscando una relación con Dios.

3. Ore por oportunidades para compartir el Evangelio con aquellos que buscan significado, propósito y esperanza.

3.4. La salvación

Explicación detallada:

El aspecto de "salvación" de la misión de Jesús resalta su sacrificio definitivo en la cruz, a través del cual proporcionó salvación para todos los que creen en él. Como creyentes, nuestro papel es compartir este mensaje de salvación e invitar a otros a experimentar el poder transformador del amor de Jesús.

Ejemplo práctico:

Un grupo pequeño o estudio bíblico podría enfocarse en comprender el mensaje de salvación y aprender cómo comunicar este mensaje de manera efectiva a otros.

Pasos accionables:

1. Profundice en la comprensión del mensaje de salvación a través del estudio de las Escrituras y la participación en estudios bíblicos o grupos pequeños.

2. Practique compartir su testimonio personal de cómo Jesús ha salvado y transformado su vida.

3. Equípese con recursos y herramientas para ayudar a comunicar el mensaje de salvación a otros.

3.5. El amor sacrificial de Jesús por los demás

Explicación detallada:

El amor sacrificial de Jesús se demuestra a través de su disposición a entregar su vida por la humanidad, asumiendo el castigo por nuestros pecados y abriendo un camino para que seamos reconciliados con Dios. Este amor desinteresado sirve como modelo de cómo debemos vivir nuestras vidas y amar a los demás.

Ejemplo práctico:

En nuestra vida diaria, podemos esforzarnos por emular el amor sacrificial de Jesús poniendo las necesidades y el bienestar de los demás por encima de los nuestros. Esto podría incluir actos de servicio, generosidad o perdón hacia aquellos que nos han lastimado o perjudicado.

Pasos accionables:

1. Reflexione sobre las formas en que Jesús demostró amor sacrificial a lo largo de su vida y ministerio.

2. Busque oportunidades para servir, apoyar y cuidar a otros en su comunidad, iglesia o relaciones.

3. Practique el perdón y la reconciliación con aquellos que han causado dolor o daño, reconociendo la gracia y misericordia que Jesús nos ha mostrado.

3.6. Esperanza, propósito y dirección en Jesús

Explicación detallada:

A través de la vida, muerte y resurrección de Jesús, Él ofrece esperanza, propósito y dirección para nuestras vidas. Esperanza en la promesa de vida eterna, propósito en vivir nuestra fe y glorificar a Dios, y dirección en seguir las enseñanzas y el ejemplo de Jesús.

Ejemplo práctico:

Una persona que se siente abrumada por los desafíos e incertidumbres de la vida puede encontrar esperanza en la promesa de vida eterna de Jesús y consuelo en su presencia. Al descubrir su propósito en Cristo, pueden experimentar un renovado sentido de significado y dirección en sus vidas.

Pasos accionables:

1. Estudie las Escrituras y las enseñanzas de Jesús para comprender la esperanza, el propósito y la dirección que Él ofrece.

2. Comparta su testimonio personal de cómo Jesús ha proporcionado esperanza, propósito y dirección en su vida con otros.

3. Anime y apoye a aquellos que puedan estar luchando

LA LLAVE CLAVE #4
Estrategias de Inteligencia Artificial para el Evangelismo

4.1. Chatbots impulsados por IA

4.1.1. Diseño de chatbots para conversaciones con los usuarios.

Explicación detallada:

Los chatbots impulsados por IA pueden diseñarse para involucrar a los usuarios en conversaciones espirituales, respondiendo preguntas, proporcionando orientación y ofreciendo aliento. Estos chatbots pueden ayudar a los ministerios a extender su alcance y disponibilidad, brindando apoyo a las personas que buscan guía espiritual en cualquier momento.

Ejemplo práctico:

Una iglesia podría desarrollar un chatbot que interactúe con los visitantes del sitio web con preguntas sobre la fe, ofreciendo versículos bíblicos, apoyo en oración e incluso conectándolos con un miembro de la iglesia en vivo para una discusión más profunda cuando sea necesario.

Pasos accionables:

1. Identifique las preguntas o temas más comunes en los que las personas buscan orientación espiritual.

2. Desarrolle un guion de chatbot que aborde estas preguntas y temas utilizando respuestas sólidas bíblicamente.

3. Pruebe y refine su chatbot recopilando comentarios de los usuarios y realizando los ajustes necesarios para mejorar la calidad de las conversaciones.

4.1.2. Entrenamiento de chatbots con conocimientos bíblicos y empatía

Explicación detallada:

Para ser efectivos en las conversaciones con la gente, los chatbots deben ser entrenados con una base sólida de conocimientos bíblicos y la capacidad de empatizar con los sentimientos y experiencias de los usuarios. Esto se puede lograr mediante técnicas de aprendizaje automático e incorporando aportes humanos para garantizar que los chatbots respondan de manera compasiva y comprensiva.

Ejemplo práctico:

Un ministerio podría colaborar con teólogos, pastores y voluntarios para revisar y refinar las respuestas de los chatbots, asegurando que se alineen con las enseñanzas bíblicas y expresen empatía hacia las situaciones de los usuarios.

Pasos accionables:

1. Reúna un equipo de personas con conocimientos para ayudar a entrenar y refinar su chatbot.

2. Desarrolle una base de datos de recursos y respuestas sólidas bíblicamente para que su chatbot pueda utilizar.

3. Revise y actualice periódicamente la capacitación de su chatbot para garantizar que continúe proporcionando respuestas precisas y empáticas.

4.1.3. Integración de chatbots en sitios web y plataformas de redes sociales

Explicación detallada:

Para maximizar el alcance y el impacto de los chatbots impulsados por IA, deben integrarse en sitios web y plataformas de redes sociales donde las personas interactúan con contenido espiritual y buscan orientación.

Ejemplo práctico:

Un ministerio podría agregar un chatbot a su sitio web, página de Facebook y otras plataformas de redes sociales, animando a los usuarios a hacer preguntas, solicitar oraciones o discutir temas relacionados con la fe.

Pasos accionables:

1. Elija las plataformas en las que su público objetivo es más probable que interactúe con su ministerio.

2. Implemente su chatbot en su sitio web y plataformas de redes sociales, asegurando una experiencia de usuario fluida.

3. Supervise y analice el rendimiento de su chatbot en diferentes plataformas, realizando ajustes según sea necesario para mejorar la participación y efectividad.

4.2. Análisis de datos para un evangelismo efectivo

4.2.1 Recopilación y análisis de datos de usuarios

Explicación detallada:

Al recopilar y analizar datos sobre las interacciones de los usuarios, los ministerios pueden obtener información valiosa sobre cómo las personas interactúan con su contenido e identificar oportunidades de mejora. Este enfoque basado en datos puede ayudar a los ministerios a optimizar sus esfuerzos de evangelismo y tomar decisiones más informadas sobre estrategias de divulgación.

Ejemplo práctico:

Un ministerio podría utilizar herramientas analíticas para rastrear la participación de los usuarios en su sitio web, contenido de redes sociales y campañas de correo electrónico, identificando qué tipos de contenido o mensajes resuenan más con su audiencia.

Pasos accionables:

1. Implemente herramientas analíticas en su sitio web y plataformas de redes sociales para recopilar datos sobre las interacciones de los usuarios.

2. Revise y analice regularmente estos datos para identificar tendencias, patrones y áreas de mejora.

3. Ajuste su contenido y mensajes basándose en estas ideas para conectarse mejor con su audiencia y servirles.

4.2.2. Identificación de patrones y tendencias para llegar a los perdidos

Explicación detallada:

Al analizar los datos de los usuarios, los ministerios pueden identificar patrones y tendencias que pueden proporcionar información sobre cómo llegar de manera efectiva a los perdidos. Esto podría incluir la comprensión de qué temas o tipos de contenido son más atractivos.

4.2.3. Adaptación de estrategias de divulgación basadas en información de datos

Explicación detallada:

Al aprovechar las ideas obtenidas de los datos, los ministerios pueden adaptar sus estrategias de divulgación para ser más efectivos en llegar a los perdidos. Esto puede implicar refinar mensajes, crear nuevo contenido o ajustar los métodos utilizados para interactuar con las personas según los patrones y tendencias identificados mediante el análisis de datos.

Ejemplo práctico:

Si un ministerio descubre a través del análisis de datos que sus publicaciones en redes sociales sobre testimonios personales generan una alta participación y atraen a nuevos seguidores, podrían crear más contenido en este formato para conectarse mejor con su audiencia y compartir el mensaje del Evangelio.

Pasos accionables:

1. Revisar las perspectivas de datos recolectados de tus herramientas de análisis para identificar tendencias y patrones en el compromiso del usuario.

2. Generar ideas para adaptar tus estrategias de alcance basándose en estas perspectivas, como refinar tu mensaje, crear nuevos tipos de contenido, o utilizar diferentes métodos para involucrar a tu audiencia.

3. Probar la eficacia de estas estrategias adaptadas mediante el monitoreo de las métricas de compromiso y retroalimentación del usuario, realizando ajustes adicionales según sea necesario para optimizar tus esfuerzos evangelísticos.

LA LLAVE CLAVE #5
Estrategias de Marketing Digital para Difundir el Evangelio

5.1. Alcance en Redes Sociales

5.1.1. Elegir las plataformas adecuadas para su ministerio

Explicación detallada:

Para llegar efectivamente a su audiencia objetivo, es esencial elegir las plataformas de redes sociales adecuadas que se alineen con la misión y los valores de su ministerio. Diferentes plataformas atraen a diferentes demografías y requieren diferentes tipos de contenido y estrategias de participación.

Ejemplo práctico:

Si la audiencia objetivo de su ministerio es principalmente adultos jóvenes, plataformas como Instagram y TikTok pueden ser más efectivas para llegar a ellos. Si su ministerio se enfoca en la creación de redes profesionales y alcance, LinkedIn puede ser una mejor opción.

Pasos Accionables:

1. Identifique su audiencia objetivo y sus hábitos y preferencias en las redes sociales.

2. Investigue qué plataformas de redes sociales se alinean con la misión y los valores de su ministerio.

3. Desarrolle una estrategia de redes sociales que se centre en interactuar con su audiencia en estas plataformas elegidas.

5.1.2. Crear contenido atractivo que resuene con los usuarios

Explicación detallada:

Para ser efectivo en el alcance en redes sociales, es esencial crear contenido atractivo que resuene con su audiencia. Esto puede incluir compartir historias personales, proporcionar recursos útiles y destacar eventos o iniciativas del ministerio.

Ejemplo práctico:

Una iglesia podría compartir testimonios personales en sus páginas de redes sociales, destacando cómo Jesús ha impactado las vidas de los miembros de su congregación.

Pasos Accionables:

1. Desarrolle una estrategia de contenido que se alinee con los objetivos y valores de su ministerio.

2. Comparta una variedad de tipos de contenido, incluyendo imágenes, videos y publicaciones basadas en texto.

3. Monitoree el compromiso del usuario con su contenido y ajuste su estrategia en función de los conocimientos reunidos.

5.1.3. Construir comunidades en línea y fomentar el compromiso

Explicación detallada:

Las plataformas de redes sociales brindan oportunidades para construir comunidades en línea y fomentar el compromiso con su audiencia. Esto se puede lograr alentando la interacción y la conversación, compartiendo contenido generado por el usuario y destacando eventos o iniciativas del ministerio.

Ejemplo práctico:

Un ministerio podría fomentar el compromiso en línea haciendo preguntas o iniciando discusiones en publicaciones de redes sociales, volviendo a publicar contenido generado por el usuario que se alinea con su misión y compartiendo transmisiones en vivo de eventos del ministerio.

Pasos Accionables:

1. Fomente el compromiso en línea respondiendo a comentarios y mensajes, haciendo preguntas y comenzando discusiones.

2. Comparta contenido generado por el usuario que se alinee con los valores y objetivos de su ministerio.

3. Destaque eventos y iniciativas futuras para fomentar la participación y el compromiso.

5.2. Marketing por correo electrónico para Organizaciones Religiosas

5.2.1. Construir y segmentar su lista de correo electrónico

Explicación detallada:

El marketing por correo electrónico es una herramienta poderosa para las organizaciones religiosas para comunicarse con su audiencia y compartir recursos, eventos y otras actualizaciones importantes. Para ser efectivos, es esencial construir una lista de correo electrónico de alta calidad y segmentarla según las preferencias e intereses de los usuarios.

Ejemplo práctico:

Una iglesia podría construir su lista de correo electrónico proporcionando un formulario de registro en su sitio web, durante eventos en persona y solicitando direcciones de correo electrónico durante el registro de actividades de la iglesia. Luego, la lista se podría segmentar según las preferencias de los usuarios, como el interés en grupos pequeños u oportunidades de voluntariado.

Pasos Accionables:

1. Desarrollar una estrategia para construir su lista de correo electrónico, incluyendo la implementación de formularios de registro en su sitio

web, solicitando direcciones de correo electrónico durante eventos en persona y aprovechando las redes sociales.

2. Segmentar su lista de correo electrónico según las preferencias e intereses de los usuarios.

3. Utilizar software de marketing por correo electrónico para crear correos electrónicos atractivos e informativos que se alineen con los valores y objetivos de su ministerio.

5.2. Email Marketing para Organizaciones Basadas en la Fe

5.2.1. Creando Campañas de Email Efectivas y Alentadoras

Explicación Detallada:

Crear campañas de email efectivas y alentadoras es clave para el éxito del marketing por correo electrónico para organizaciones basadas en la fe. Para hacerlo, los correos electrónicos deben ser personalizados, tener llamados claros a la acción y utilizar líneas de asunto convincentes.

Ejemplo Práctico:

Una iglesia podría crear una campaña de correo electrónico que anime a los miembros a ofrecerse como voluntarios para un próximo evento. El correo electrónico podría incluir un saludo personalizado y un llamado claro a la acción para registrarse como voluntario.

Pasos Accionables:

1. Utilice software de marketing por correo electrónico para personalizar los correos electrónicos con el nombre del destinatario y otra información relevante.

2. Cree llamados claros a la acción que animen a los destinatarios a involucrarse con su ministerio.

3. Utilice líneas de asunto atractivas que capten la atención del destinatario y los inciten a abrir el correo electrónico.

5.2.2. Medir el Éxito de sus Esfuerzos de Marketing por Correo Electrónico

Explicación Detallada:

Medir el éxito de sus esfuerzos de marketing por correo electrónico es importante para optimizar su estrategia de correo electrónico. Las métricas clave a seguir incluyen tasas de apertura, tasas de clics y tasas de conversión.

Ejemplo Práctico:

Una iglesia podría medir el éxito de sus esfuerzos de marketing por correo electrónico mediante el seguimiento del número de personas que abrieron un correo electrónico y luego se registraron como voluntarios para un evento.

Pasos Accionables:

1. Utilice software de marketing por correo electrónico para rastrear métricas clave como tasas de apertura, tasas de clics y tasas de conversión.

2. Analice los datos para identificar tendencias y patrones en el compromiso del usuario.

3. Utilice estas ideas para refinar su estrategia de correo electrónico y optimizar sus esfuerzos de alcance.

5.2.3. Producción de publicaciones de blog, artículos, videos y podcasts de alta calidad

Explicación detallada:

Producir contenido de alta calidad es clave para atraer a tu audiencia y difundir el mensaje de Cristo. El contenido debe ser informativo, atractivo y estar alineado con los valores y objetivos de tu ministerio.

Ejemplo práctico:

Un ministerio podría producir una publicación de blog que explore los orígenes bíblicos de la Pascua y su importancia para los cristianos.

Pasos accionables:

1. Investigar y escribir contenido de alta calidad que se alinee con los valores y objetivos de tu ministerio.

2. Utilizar multimedia, como imágenes, videos y podcasts, para involucrar a tu audiencia.

3. Promocionar tu contenido en redes sociales y otros canales de marketing digital.

5.2.4. Colaboración con otros creadores de contenido cristiano

Explicación detallada:

Colaborar con otros creadores de contenido cristiano puede ayudarte a llegar a nuevas audiencias y compartir el mensaje de Cristo con una comunidad más amplia. Esto puede implicar asociarse con otros ministerios u organizaciones en proyectos conjuntos, coorganizar eventos o seminarios web, o participar como invitado en podcasts o plataformas de redes sociales.

Ejemplo práctico:

Un ministerio podría asociarse con otra organización para crear una campaña conjunta en redes sociales que explore un tema específico relacionado con la fe o la vida cristiana.

Pasos accionables:

1. Identificar posibles socios que se alineen con la misión y valores de tu ministerio.

2. Desarrollar un plan de contenido conjunto que incluya compartir el contenido de cada uno en las redes sociales.

LA LLAVE CLAVE #6
Tácticas Adicionales para el Éxito de la IA y el Marketing Digital

6.1. Consistencia en el mensaje y publicación

Explicación detallada:

Mantener la consistencia en el mensaje y la publicación es crucial para establecer una marca y una voz reconocibles. La consistencia ayuda a los seguidores de su ministerio a anticipar y comprender su mensaje, lo que aumenta la probabilidad de que participen y compartan su contenido.

Ejemplo práctico:

Un ministerio debería desarrollar un calendario de contenido y cumplir con un horario de publicación consistente, abordando temas y temas relevantes para su audiencia y alineados con sus valores y misión.

Pasos prácticos:

1. Desarrollar un calendario de contenido y establecer un horario de publicación regular.

2. Asegurarse de que el mensaje se alinee con los valores, la misión y las necesidades de la audiencia de su ministerio.

3. Mantener una tonalidad, estilo y branding visual consistentes en todos los canales digitales.

6.2. Colaboración con otras iglesias y ministerios

Explicación detallada:

Colaborar con otras iglesias y ministerios puede ampliar su alcance, aportar nuevas perspectivas a su contenido y fomentar un sentido de comunidad.

Esto puede implicar eventos conjuntos, webinars o contenido compartido que llegue a una audiencia más amplia.

Ejemplo práctico:

Un ministerio podría colaborar con una iglesia vecina para organizar un evento en línea conjunto, como una conferencia digital o una serie de webinars, para explorar temas compartidos relacionados con la fe y la espiritualidad.

Pasos prácticos:

1. Identificar iglesias y ministerios con valores y objetivos similares.

2. Contactar a posibles colaboradores para discutir oportunidades de colaboración.

3. Planificar y ejecutar iniciativas conjuntas, como eventos, webinars o contenido compartido.

6.3. Evaluación, mejora y mantenerse informado

Explicación detallada:

La evaluación regular de sus esfuerzos de marketing digital es esencial para identificar áreas de mejora y mantenerse informado sobre nuevas tendencias y tecnologías. Al analizar sus resultados y ajustar sus estrategias en consecuencia, puede optimizar la presencia digital de su ministerio y servir mejor a su audiencia.

Ejemplo práctico:

Un ministerio podría establecer revisiones mensuales de sus análisis de redes sociales, tráfico del sitio web y participación de la audiencia para identificar estrategias exitosas y áreas de mejora.

Pasos prácticos:

1. Monitorizar su rendimiento de marketing digital utilizando herramientas de análisis (por ejemplo, Google Analytics, análisis de redes sociales).

2. Identificar tendencias, éxitos y áreas de mejora basados en el análisis de datos.

3. Mantenerse informado sobre las últimas tendencias de marketing digital, desarrollos de IA y mejores prácticas de la industria asistiendo a conferencias, webinars y siguiendo fuentes de noticias relevantes.

LA LLAVE CLAVE #7

Estudios de caso: Aplicaciones Exitosas de IA y Marketing Digital en el Evangelismo

7.1. Historias de éxito de chatbots impulsados por IA

Explicación detallada:

Los chatbots impulsados por IA pueden proporcionar respuestas personalizadas e instantáneas a las consultas de los usuarios, ayudando a involucrarlos y guiarlos hacia una comprensión más profunda de la fe. Esta interacción en tiempo real puede hacer que los usuarios se sientan valorados y apoyados, fomentando conexiones más profundas con su ministerio.

Ejemplo práctico:

Un ministerio podría implementar un chatbot impulsado por IA en su sitio web para responder preguntas frecuentes, proporcionar recursos y ofrecer apoyo personalizado a los usuarios que buscan orientación espiritual.

Pasos prácticos:

1. Investigar y seleccionar una plataforma de chatbot impulsada por IA adecuada para las necesidades de su ministerio.

2. Desarrollar una base de datos de preguntas frecuentes y recursos para que el chatbot los consulte.

3. Monitorear y evaluar el rendimiento y las interacciones del chatbot, realizando mejoras según sea necesario.

7.2. Campañas de alcance en redes sociales que tuvieron un impacto

Explicación detallada:

Las campañas de alcance en redes sociales pueden ayudar a los ministerios a llegar a nuevas audiencias y tener un impacto más amplio. Al aprovechar contenido atractivo, targeting estratégico y un mensaje convincente, los ministerios pueden difundir la palabra de Cristo e inspirar la acción.

Ejemplo práctico:

Un ministerio podría crear una campaña en redes sociales centrada en un evento o iniciativa específica, utilizando publicidad dirigida, campañas de hashtags y contenido generado por los usuarios para involucrar a los usuarios y fomentar el intercambio.

Pasos prácticos:

1. Desarrollar un plan de campaña en redes sociales, que describa los objetivos, la audiencia objetivo y el contenido.

2. Utilizar publicidad, hashtags y otras herramientas promocionales para maximizar el alcance y la participación.

3. Monitorear y analizar el rendimiento de la campaña, ajustando las estrategias según sea necesario para obtener resultados óptimos.

7.3. Estrategias de marketing de contenido que alcanzaron a miles de personas

Explicación detallada:

Una estrategia de marketing de contenido bien ejecutada puede llegar a miles de usuarios, proporcionando recursos valiosos y fomentando el crecimiento espiritual. Al crear contenido de alta calidad y atractivo, los ministerios pueden establecerse como líderes de pensamiento y fuentes confiables de información.

Ejemplo práctico:

Un ministerio podría desarrollar una estrategia de marketing de contenido que involucre publicaciones de blog, videos y podcasts que exploren diversos aspectos de la fe, como estudios bíblicos, testimonios personales y consejos prácticos para vivir una vida cristiana.

Pasos prácticos:

1. Desarrollar una estrategia de marketing de contenido, identificando temas, temas y formatos clave.

2. Crear y publicar contenido de alta calidad que se alinee con los valores y objetivos de su ministerio.

3. Promover su contenido en múltiples canales, como redes sociales, boletines por correo electrónico y apariciones como invitado en otras plataformas.

LA LLAVE CLAVE #8
Consideraciones Éticas y Mejores Prácticas en IA y Marketing Digital para el Evangelismo

8.1. Respeto a la privacidad del usuario y seguridad de datos

Explicación detallada:

Es esencial respetar la privacidad del usuario y proteger sus datos al emplear estrategias de IA y marketing digital. Los ministerios deben asegurarse de cumplir con las leyes de privacidad aplicables, obtener los permisos necesarios y mantener la transparencia en sus prácticas de recopilación y uso de datos.

Ejemplo práctico:

Un ministerio podría implementar una política clara de privacidad en su sitio web, detallando cómo se recopilan, almacenan y utilizan los datos del usuario, y proporcionar a los usuarios la opción de optar por no recopilar datos o solicitar la eliminación de sus datos.

Pasos prácticos:

1. Familiarizarse con las leyes y regulaciones de privacidad relevantes aplicables a su ministerio.

2. Desarrollar e implementar una política de privacidad que describa sus prácticas de recopilación, almacenamiento y uso de datos.

3. Comunicar su política de privacidad a los usuarios y proporcionarles opciones para administrar sus datos.

8.2. Garantizar una representación precisa del evangelio

Explicación detallada:

Al utilizar la IA y el marketing digital, es fundamental asegurarse de que el mensaje del Evangelio se represente con precisión. La interpretación o representación incorrecta puede llevar a la confusión, la desinformación y potencialmente dañar la reputación de su ministerio.

Ejemplo práctico:

Un ministerio podría establecer un proceso de revisión de contenido que involucre a teólogos, pastores o miembros del personal con conocimientos para garantizar que todo el contenido se alinee con las enseñanzas bíblicas y represente con precisión el Evangelio.

Pasos prácticos:

1. Desarrollar un proceso de revisión de contenido que involucre a expertos o miembros del equipo con conocimientos.

2. Capacitar a las herramientas impulsadas por IA, como los chatbots, con información precisa y bíblicamente sólida.

3. Revisar y actualizar regularmente su contenido y herramientas impulsadas por IA para garantizar una representación precisa del Evangelio.

8.3. Equilibrar la tecnología con las conexiones personales

Explicación detallada:

Si bien la tecnología puede desempeñar un papel importante en el evangelismo, es crucial no descuidar las conexiones personales. Los ministerios deben encontrar un equilibrio entre utilizar estrategias de IA y marketing digital y fomentar relaciones genuinas y humanas con su audiencia.

Ejemplo práctico:

Un ministerio podría utilizar herramientas impulsadas por IA y marketing digital para involucrar a los usuarios inicialmente, pero luego proporcionar oportunidades de conexiones personales a través de reuniones en pequeños grupos, conversaciones individuales o eventos en vivo.

Pasos prácticos:

1. Utilizar la IA y el marketing digital como un medio para iniciar conexiones y proporcionar recursos.

2. Alentar a los usuarios a participar en interacciones personales, como reuniones en pequeños grupos, mentorías o eventos en vivo.

3. Capacitar al personal y a los voluntarios para reconocer cuándo se necesita un toque personal y priorizar las conexiones humanas en los esfuer

LA LLAVE CLAVE #9
Tendencias y Oportunidades Futuras en IA y Marketing Digital para la Evangelización

9.1. Asistentes de voz y altavoces inteligentes

9.1.1. Oportunidades para compartir el evangelio a través de dispositivos activados por voz

Explicación detallada:

Los asistentes de voz y altavoces inteligentes, como Alexa y Google Assistant, ofrecen nuevas oportunidades para compartir el evangelio de manera accesible e interactiva. Estos dispositivos pueden ser utilizados para difundir mensajes de fe, proporcionar recursos y llegar a personas que quizás no se encuentren a través de otros medios.

Ejemplo práctico:

Un ministerio podría crear un podcast o una serie de reflexiones diarias sobre la fe que se puedan reproducir a través de dispositivos activados por voz, permitiendo a los usuarios escucharlos fácilmente en su hogar o en movimiento.

Pasos accionables:

1. Investigar y comprender las capacidades y restricciones de los dispositivos activados por voz.

2. Crear contenido de audio que sea atractivo e informativo para los usuarios de estos dispositivos.

3. Promocionar y facilitar el acceso a este contenido a través de asistentes de voz y altavoces inteligentes.

9.1.2. Desarrollo de habilidades y acciones para Alexa, Google Assistant y otras plataformas

Explicación detallada:

Desarrollar habilidades y acciones específicas para asistentes de voz como Alexa y Google Assistant puede ayudar a los ministerios a llegar a audiencias más amplias y ofrecer experiencias personalizadas. Estas aplicaciones pueden proporcionar información sobre la fe, recursos y conectarse con eventos o actividades en línea.

Ejemplo práctico:

Un ministerio podría desarrollar una habilidad para Alexa que permita a los usuarios escuchar una lectura bíblica diaria, recibir oraciones y obtener información sobre eventos próximos del ministerio.

Pasos accionables:

1. Aprender sobre el proceso de desarrollo de habilidades y acciones para asistentes de voz.

2. Idear una aplicación que ofrezca contenido y recursos útiles para los usuarios.

3. Desarrollar y lanzar la habilidad o acción, promocionándola entre la audiencia del ministerio y otros usuarios potenciales.

9.1.3. Creación de contenido de audio atractivo para experiencias de voz en primer lugar

Explicación detallada:

El contenido de audio atractivo es fundamental para aprovechar al máximo las experiencias de voz en primer lugar. La creación de contenido de alta calidad, que informe y entretenga a los usuarios, puede ayudar a mantener su interés y fomentar la conexión con su ministerio.

Ejemplo práctico:

Un ministerio podría crear una serie de historias basadas en la Biblia, narradas de manera atractiva y producidas profesionalmente, diseñadas específicamente para ser escuchadas a través de dispositivos activados por voz.

Pasos accionables:

1. Identificar temas y formatos de contenido de audio que sean atractivos y relevantes para la audiencia.

2. Crear y producir contenido de audio de alta calidad, centrándose en la narrativa y la producción.

3. Promocionar y distribuir el contenido a través de asistentes de voz y otras plataformas de audio.

9.1.4.   Contenidos SMART – S.M.A.R.T

El contenido que vamos a desarrollar debe ser SMART, es decir, inteligente y adaptado al uso de la inteligencia artificial. Para que nuestro contenido sea SMART, debe cumplir con los siguientes criterios: específico, medible, alcanzable, relevante y temporal.

En primer lugar, la (S) de SMART significa específico. Esto significa que nuestro contenido debe estar dirigido a un público específico y no debe ser genérico. No podemos pensar que al pagar una cantidad determinada a una plataforma social, vamos a llegar a una audiencia amplia y heterogénea. Si no somos específicos, estamos perdiendo nuestro dinero y nuestro tiempo.

En segundo lugar, la (M) de SMART se refiere a la medición. Debemos medir la efectividad de nuestro contenido y tener un seguimiento constante. Esto nos permitirá ajustar nuestra estrategia y mejorar nuestro rendimiento.

En tercer lugar, la (A) de SMART significa alcanzable. Debemos establecer metas y objetivos realistas, que podamos alcanzar con los recursos disponibles. No tiene sentido establecer objetivos que no podamos cumplir, ya que esto solo nos llevará a la frustración y al fracaso.

En cuarto lugar, la (R) de SMART significa relevante. Nuestro contenido debe ser relevante para nuestro público objetivo y debe ser presentado de una manera que resuene con ellos. Debemos conocer las necesidades y deseos de nuestra audiencia y adaptar nuestro contenido en consecuencia.

Por último, la (T) de SMART significa temporal. Debemos establecer plazos para la realización de nuestros objetivos y metas, y cumplir con ellos de manera constante. Esto nos permitirá mantener un ritmo constante de producción y mejora de nuestro contenido.

En resumen, si queremos desarrollar un contenido inteligente y efectivo, debemos asegurarnos de que sea SMART. Al hacerlo, estaremos maximizando nuestras posibilidades de éxito y asegurándonos de que nuestro contenido sea valioso y relevante para nuestra audiencia.

9.2. Realidad Virtual y Aumentada

9.2.1. Narración inmersiva para compartir narrativas bíblicas

Explicación detallada:

La realidad virtual (RV) y la realidad aumentada (RA) ofrecen oportunidades para crear experiencias narrativas inmersivas basadas en historias bíblicas. Estas tecnologías permiten a los usuarios sumergirse en entornos tridimensionales y experimentar eventos y enseñanzas bíblicas de manera única e impactante.

Ejemplo práctico:

Un ministerio podría desarrollar una experiencia de RV que permita a los usuarios explorar la Tierra Santa en tiempos bíblicos y presenciar eventos clave en la vida de Jesucristo.

Pasos accionables:

1. Investigar y comprender las capacidades y restricciones de la RV y la RA.

2. Desarrollar una narrativa inmersiva basada en historias bíblicas, teniendo en cuenta la audiencia y los objetivos del ministerio.

3. Trabajar con profesionales de RV/RA para crear y lanzar la experiencia, y promocionarla entre la audiencia del ministerio y otros usuarios potenciales.

9.2.2. Iglesias virtuales y comunidades basadas en la fe

Explicación detallada:

Las iglesias virtuales y las comunidades basadas en la fe en entornos de RV/RA pueden proporcionar una experiencia espiritual compartida y accesible a personas de todo el mundo. Estos espacios pueden incluir servicios de adoración, grupos de estudio bíblico y oportunidades para establecer conexiones personales con otros creyentes.

Ejemplo práctico:

Un ministerio podría crear una iglesia virtual en una plataforma de RV, donde los usuarios puedan asistir a servicios de adoración, participar en grupos de estudio bíblico y conectarse con otros miembros de la comunidad.

Pasos accionables:

1. Seleccionar una plataforma de RV/RA adecuada para crear una iglesia virtual o comunidad basada en la fe.

2. Desarrollar y organizar servicios de adoración, estudios bíblicos y otros eventos comunitarios en el entorno virtual.

3. Promover la iglesia virtual y fomentar la participación de la audiencia del ministerio y otros usuarios interesados.

9.2.3. Aprovechar la RA para estudios bíblicos interactivos y devocionales

Explicación detallada:

La realidad aumentada (RA) puede ser utilizada para crear experiencias interactivas de estudio bíblico y devocionales, permitiendo a los usuarios explorar textos, imágenes y otros recursos de manera más enriquecedora y personalizada.

Ejemplo práctico:

Un ministerio podría desarrollar una aplicación de RA que permita a los usuarios escanear pasajes de la Biblia con sus dispositivos móviles y acceder a contenido adicional, como explicaciones, imágenes y videos relacionados.

Pasos accionables:

1. Investigar las posibilidades y limitaciones de la RA en el contexto de estudios bíblicos y devocionales.

2. Crear contenido enriquecido y atractivo que complemente los pasajes bíblicos y ayude a los usuarios a profundizar en su estudio.

3. Desarrollar y lanzar una aplicación de RA que facilite el acceso a este contenido.

9.3. Personalización y análisis predictivo

9.3.1. Uso de la IA para ofrecer contenido y recomendaciones personalizadas

Explicación detallada:

La inteligencia artificial (IA) permite a los ministerios ofrecer contenido y recomendaciones personalizadas a sus audiencias, mejorando la relevancia y la efectividad de sus mensajes. La IA puede analizar el comportamiento y las preferencias del usuario para proporcionar recursos y experiencias que se ajusten a sus necesidades individuales.

Ejemplo práctico:

Un ministerio podría utilizar un sistema de IA para recomendar automáticamente estudios bíblicos, devocionales y otros recursos en función del historial de navegación y las interacciones del usuario en su sitio web o aplicación.

Pasos accionables:

1. Implementar sistemas de IA que analicen el comportamiento y las preferencias del usuario.

2. Desarrollar contenido variado y adaptable que pueda ser personalizado para diferentes usuarios.

3. Utilizar los datos y la IA para ofrecer recomendaciones y contenido personalizado a los usuarios en función de sus necesidades y preferencias.

9.3.2. Mejorar la experiencia del usuario con análisis predictivo

Explicación detallada:

El análisis predictivo permite a los ministerios anticipar las necesidades y preferencias de los usuarios, lo que puede mejorar la experiencia del usuario y aumentar la eficacia de sus estrategias de evangelización. Estos análisis pueden identificar tendencias y patrones en el comportamiento del usuario, lo que puede guiar la creación de contenido y la toma de decisiones.

Ejemplo práctico:

Un ministerio podría utilizar análisis predictivos para identificar temas o formatos de contenido que sean particularmente atractivos para su audiencia, y adaptar su estrategia de contenido en consecuencia.

Pasos accionables:

1. Recopilar y analizar datos de usuario para identificar tendencias y patrones en el comportamiento y las preferencias.

2. Utilizar estos análisis para informar y adaptar la estrategia de contenido y evangelización del ministerio.

3. Monitorear continuamente el rendimiento y las métricas de los usuarios para ajustar las estrategias y mejorar la experiencia del usuario.

9.3.3. Nutrir los viajes de fe individuales a través de experiencias personalizadas

Explicación detallada:

Las experiencias personalizadas pueden ser fundamentales para ayudar a los individuos a avanzar en su viaje de fe. Al adaptar el contenido y las interacciones a las necesidades y preferencias específicas de cada persona, los ministerios pueden brindar apoyo y recursos más efectivos para el crecimiento espiritual.

Ejemplo práctico:

Un ministerio podría ofrecer un programa de mentoría personalizado en línea, en el que los mentores asignados brindan apoyo, recursos y orientación específicos según las necesidades y etapas individuales en el viaje de fe de cada persona.

Pasos accionables:

1. Identificar oportunidades para ofrecer experiencias y recursos personalizados que aborden las necesidades específicas de cada individuo en su viaje de fe.

2. Implementar sistemas y procesos que faciliten la personalización y adaptación del contenido y las interacciones.

3. Fomentar la retroalimentación y el compromiso de los usuarios para evaluar y mejorar continuamente las experiencias personalizadas ofrecidas.

9.4. Transmisión en vivo y contenido interactivo de video

9.4.1. Ampliando el alcance de los servicios de adoración y eventos a través de la transmisión en vivo

Explicación detallada:

La transmisión en vivo permite a los ministerios ampliar el alcance de sus servicios de adoración y eventos a personas que no pueden asistir en persona. Esto hace que el contenido sea más accesible y puede ayudar a atraer a nuevos miembros y seguidores a la comunidad de fe.

Ejemplo práctico:

Un ministerio podría transmitir en vivo sus servicios de adoración dominicales, permitiendo a aquellos que no pueden asistir en persona unirse virtualmente y participar en la adoración y el mensaje.

Pasos accionables:

1. Identificar eventos y servicios de adoración que podrían beneficiarse de la transmisión en vivo.

2. Seleccionar una plataforma de transmisión en vivo y configurar el equipo necesario para transmitir el contenido.

3. Promover las transmisiones en vivo a través de canales de marketing digital y alentar a los miembros de la comunidad a compartir y participar en la experiencia en línea.

9.4.2. Fomentar la interacción y el compromiso en tiempo real con los espectadores

Explicación detallada:

Incentivar la interacción y el compromiso en tiempo real durante las transmisiones en vivo puede ayudar a los espectadores a sentirse más conectados y parte de la comunidad. Esto puede incluir chats en vivo, encuestas, sesiones de preguntas y respuestas, y otras oportunidades para que los espectadores se involucren directamente.

Ejemplo práctico:

Un ministerio podría organizar una sesión de preguntas y respuestas en vivo después de un servicio de adoración transmitido, permitiendo a los espectadores hacer preguntas y recibir respuestas directamente del líder del ministerio.

Pasos accionables:

1. Integrar herramientas de interacción en tiempo real en las transmisiones en vivo, como chats en vivo, encuestas o funciones de preguntas y respuestas.

2. Fomentar la participación activa de los espectadores en la interacción en tiempo real, invitándolos a hacer preguntas, compartir sus pensamientos y conectarse con otros.

3. Monitorear y responder a la interacción en tiempo real para mantener a los espectadores comprometidos y fomentar un sentido de comunidad en línea.

9.4.3. Aprovechando las plataformas de video para grupos pequeños y discipulado

Explicación detallada:

Las plataformas de video, como Zoom o Google Meet, pueden ser herramientas valiosas para facilitar grupos pequeños y experiencias de discipulado en línea. Esto permite a los ministerios llegar a personas que no pueden participar en reuniones presenciales y proporcionar oportunidades adicionales para el crecimiento espiritual y la conexión.

Ejemplo práctico:

Un ministerio podría organizar estudios bíblicos semanales a través de una plataforma de videoconferencia, permitiendo a los participantes unirse desde cualquier lugar y compartir sus ideas y preguntas en un entorno virtual.

Pasos accionables:

1. Seleccionar una plataforma de video adecuada para facilitar grupos pequeños y experiencias de discipulado en línea.

2. Organizar y promover reuniones regulares de grupos pequeños o sesiones de discipulado.

9.5. Redes sociales y colaboraciones con influencers

9.5.1. Colaborar con influencers cristianos para amplificar su mensaje

Explicación detallada:

Colaborar con influencers cristianos en las redes sociales puede ser una forma efectiva de amplificar el mensaje de su ministerio y llegar a nuevas audiencias. Los influencers pueden ayudar a promocionar el contenido y los eventos de su ministerio, lo que puede aumentar el interés y el compromiso en su comunidad en línea.

Ejemplo práctico:

Un ministerio podría colaborar con un influencer cristiano popular en Instagram para promover un evento especial de adoración o un estudio bíblico en línea, aprovechando la audiencia del influencer para aumentar la visibilidad y la participación.

Pasos accionables:

1. Identificar influencers cristianos relevantes en las redes sociales que compartan los valores y objetivos de su ministerio.

2. Establecer relaciones con estos influencers y explorar oportunidades de colaboración para promocionar el contenido y los eventos de su ministerio.

3. Monitorear el éxito de las colaboraciones y ajustar la estrategia en función del rendimiento y los resultados.

9.5.2. Navegando el cambiante panorama de los algoritmos de las redes sociales

Explicación detallada:

Los algoritmos de las redes sociales están en constante evolución, lo que puede afectar la visibilidad y el alcance de su contenido. Para mantenerse eficaz en la promoción de su ministerio en línea, es importante estar al tanto de estos cambios y adaptar su estrategia de redes sociales en consecuencia.

Ejemplo práctico:

Un ministerio podría adaptar su estrategia de publicación en Facebook para incluir más contenido interactivo y atractivo, como videos en vivo y encuestas, en respuesta a los cambios en el algoritmo que favorecen este tipo de contenido.

Pasos accionables:

1. Mantenerse informado sobre las tendencias y cambios en los algoritmos de las redes sociales, ya sea a través de noticias del sector, blogs o grupos de discusión.

2. Adaptar la estrategia de contenido y promoción en las redes sociales en función de los cambios en los algoritmos y las preferencias de los usuarios.

3. Monitorear el rendimiento del contenido en las redes sociales y realizar ajustes según sea necesario para maximizar el alcance y la visibilidad.

9.5.3. Utilizando plataformas emergentes de redes sociales para la evangelización

Explicación detallada:

Las plataformas emergentes de redes sociales pueden ofrecer oportunidades únicas para la evangelización y el alcance del ministerio. Adoptar y experimentar con nuevas plataformas puede ayudar a su ministerio a mantenerse relevante y atractivo para diferentes audiencias.

Ejemplo práctico:

Un ministerio podría comenzar a utilizar TikTok para compartir videos cortos y atractivos que presenten enseñanzas bíblicas, testimonios y momentos inspiradores, con el objetivo de atraer a un público más joven.

Pasos accionables:

1. Investigar y explorar plataformas emergentes de redes sociales que puedan ser relevantes y útiles para su ministerio.

2. Desarrollar una estrategia de contenido y promoción específica para cada plataforma, teniendo en cuenta las preferencias y expectativas de los usuarios.

3. Monitorear el éxito de otras cuentas.

LA LLAVE CLAVE #10
Preparando su Iglesia o Ministerio para el Futuro Digital

10.1. Evaluando su presencia y capacidades digitales actuales

Explicación detallada:

Antes de embarcarse en una transformación digital, es importante evaluar la presencia y las capacidades digitales actuales de su ministerio. Esto implica analizar el sitio web, las redes sociales, las herramientas y tecnologías en uso, y cómo estos elementos están contribuyendo a los objetivos del ministerio.

Ejemplo práctico:

Un ministerio podría realizar una auditoría interna de su sitio web y perfiles de redes sociales para identificar áreas de mejora, oportunidades de crecimiento y brechas en su estrategia digital actual.

Pasos accionables:

1. Realizar una auditoría de su presencia y capacidades digitales actuales, incluyendo sitio web, redes sociales, herramientas y tecnologías.

2. Identificar áreas de mejora y oportunidades de crecimiento en función de los resultados de la auditoría.

3. Establecer objetivos y prioridades claros para la transformación digital de su ministerio.

10.2. Desarrollando una estrategia y visión digital integral

Explicación detallada:

Una vez que haya evaluado su presencia y capacidades digitales actuales, es importante desarrollar una estrategia y visión digital integral que guíe la transformación de su ministerio. Esto implica establecer objetivos claros, identificar las áreas de enfoque y desarrollar un plan de acción para implementar cambios y mejoras.

Ejemplo práctico:

Un ministerio podría establecer una visión de convertirse en un líder en evangelización digital y desarrollar una estrategia que incluya mejorar su sitio web, aumentar su presencia en redes sociales y adoptar nuevas tecnologías como la inteligencia artificial.

Pasos accionables:

1. Definir una visión digital clara y ambiciosa para su ministerio.

2. Establecer objetivos y metas específicas que se alineen con esta visión.

3. Desarrollar un plan de acción detallado para implementar la estrategia y lograr los objetivos establecidos.

10.3. Formando un equipo de evangelistas y voluntarios digitales

Explicación detallada:

Para llevar a cabo una transformación digital exitosa, es esencial contar con un equipo de evangelistas y voluntarios digitales que compartan su visión y estén comprometidos con la implementación de la estrategia digital. Este equipo puede ayudar a su ministerio a adaptarse a los cambios, implementar nuevas tecnologías y mantenerse al día con las tendencias y oportunidades digitales.

Ejemplo práctico:

Un ministerio podría formar un equipo de voluntarios que trabajen juntos para crear y gestionar contenido en redes sociales, desarrollar y mantener el sitio web, y explorar nuevas oportunidades digitales, como la creación de aplicaciones móviles o la adopción de chatbots impulsados por inteligencia artificial.

Pasos accionables:

1. Identificar a los miembros de la comunidad que tengan habilidades digitales y un interés en apoyar la transformación digital del ministerio.

2. Reclutar y capacitar a estos evangelistas y voluntarios digitales para que se conviertan en miembros activos y comprometidos del equipo de transformación digital.

3. Facilitar la colaboración y la comunicación dentro del ministerio.

10.4. Invertir en tecnología y capacitación para el éxito a largo plazo

Explicación detallada:

La inversión en tecnología y capacitación es esencial para garantizar el éxito a largo plazo de la transformación digital de su ministerio. Esto implica adquirir y mantener las herramientas y tecnologías adecuadas, así como capacitar a su equipo para que puedan utilizarlas de manera efectiva.

Ejemplo práctico:

Un ministerio podría invertir en una nueva plataforma de gestión de contenido para su sitio web y ofrecer talleres de capacitación para enseñar a los voluntarios y al personal cómo utilizar la plataforma de manera efectiva.

Pasos accionables:

1. Identificar las herramientas y tecnologías que respalden los objetivos y la visión digital de su ministerio.

2. Invertir en la adquisición y mantenimiento de estas herramientas y tecnologías.

3. Proporcionar capacitación regular y actualizada a su equipo para garantizar que puedan utilizar las herramientas y tecnologías de manera efectiva y adaptarse a los cambios y avances.

10.5. Aceptar el cambio y fomentar una cultura de innovación

Explicación detallada:

La transformación digital es un proceso continuo que requiere la adaptación y el cambio constantes. Fomentar una cultura de innovación en su ministerio puede ayudar a su equipo a mantenerse receptivo a las nuevas ideas y oportunidades y a abrazar el cambio de manera proactiva.

Ejemplo práctico:

Un ministerio podría organizar sesiones regulares de lluvia de ideas con su equipo y voluntarios para discutir nuevas ideas y oportunidades digitales, fomentando un entorno en el que se valoren y se celebren la creatividad y la innovación.

Pasos accionables:

1. Fomentar un ambiente abierto y de apoyo en el que se aliente a los miembros del equipo y voluntarios a compartir nuevas ideas y sugerencias.

2. Establecer canales y procesos para discutir y evaluar nuevas ideas y oportunidades digitales, como reuniones regulares de lluvia de ideas o un sistema de presentación de ideas en línea.

3. Reconocer y celebrar los logros y avances en la transformación digital, destacando el valor de la innovación y el cambio en el crecimiento y el éxito del ministerio.

Al seguir estos pasos y aplicar estas estrategias y tácticas en su ministerio, estará bien posicionado para enfrentar y aprovechar el futuro digital en la evangelización y el alcance del ministerio.

LA LLAVE CLAVE #11
La Urgencia e Importancia de Adaptarse a un Mundo Digital

Explicación detallada:

En el mundo actual, la transformación digital es fundamental para el crecimiento y éxito de cualquier organización, incluidos los ministerios y las iglesias. La urgencia e importancia de adaptarse a un mundo digital radica en la necesidad de llegar a más personas con el mensaje del Evangelio y adaptarse a las expectativas y comportamientos cambiantes de la audiencia.

Ejemplo práctico:

Un ministerio que adopta la transformación digital puede expandir su alcance y conectarse con personas de todo el mundo a través de plataformas en línea, lo que le permite compartir el mensaje del Evangelio con una audiencia mucho más amplia que la de su comunidad local.

Pasos accionables:

1. Reconocer la importancia de la adaptación al mundo digital para el crecimiento y éxito del ministerio.

2. Establecer metas claras para la transformación digital y trabajar de manera proactiva para lograrlas.

3. Monitorear continuamente los cambios y tendencias en el mundo digital para mantenerse al día y adaptarse a medida que evoluciona el panorama digital.

11.1. La promesa y el potencial de la inteligencia artificial y el marketing digital en la evangelización

Explicación detallada:

La inteligencia artificial y el marketing digital ofrecen un gran potencial para transformar y mejorar la evangelización en la era moderna. Estas tecnologías pueden ayudar a personalizar y mejorar la experiencia del usuario, aumentar el alcance y la visibilidad del ministerio, y facilitar una mayor conexión y compromiso con la audiencia.

Ejemplo práctico:

Un ministerio que utiliza la inteligencia artificial y el marketing digital podría implementar chatbots para responder preguntas y proporcionar recursos relevantes a los visitantes del sitio web, así como utilizar análisis predictivos para ofrecer contenido personalizado a su audiencia.

Pasos accionables:

1. Investigar y aprender sobre las diversas tecnologías y estrategias de inteligencia artificial y marketing digital disponibles.

2. Identificar las herramientas y enfoques que mejor se adapten a las necesidades y objetivos específicos de su ministerio.

3. Implementar y adaptar continuamente las tecnologías y estrategias de inteligencia artificial y marketing digital para mejorar la evangelización y el alcance del ministerio.

Al abordar la urgencia e importancia de adaptarse al mundo digital y explorar el potencial de la inteligencia artificial y el marketing digital en la evangelización, los ministerios pueden aprovechar al máximo las oportunidades que brinda la era digital y llevar el mensaje del Evangelio a un público más amplio y diverso en todo el mundo.

11.2. Un llamado a la acción para que las iglesias y ministerios adopten la tecnología

Explicación detallada:

Para mantenerse relevantes y efectivos en la evangelización en la era digital, las iglesias y ministerios deben adoptar proactivamente la tecnología y adaptarse a las tendencias emergentes. Al abrazar la tecnología y sus posibilidades, los ministerios pueden mejorar su capacidad para llegar a más personas y brindar experiencias más significativas y enriquecedoras a su audiencia.

Ejemplo práctico:

Una iglesia podría adoptar una plataforma de transmisión en vivo para transmitir sus servicios a aquellos que no pueden asistir en persona, lo que les permite conectarse y participar en la adoración y el mensaje desde cualquier lugar.

Pasos accionables:

1. Evaluar las áreas de su ministerio que podrían beneficiarse de la incorporación de la tecnología y establecer objetivos claros para su adopción.

2. Investigar y seleccionar las soluciones tecnológicas que mejor se adapten a las necesidades y objetivos específicos de su iglesia o ministerio.

3. Proporcionar capacitación y recursos a su equipo y voluntarios para asegurar una implementación efectiva y un uso adecuado de la tecnología en su ministerio.

Al responder a este llamado a la acción y adoptar la tecnología en sus ministerios, las iglesias y organizaciones religiosas pueden experimentar un crecimiento significativo y un mayor impacto en sus esfuerzos de evangelización y extensión, aprovechando al máximo las oportunidades que ofrece la era digital.

LA LLAVE CLAVE #12

CHATGPT-4 AI:
Un Revolucionario Modelo de Lenguaje
Revisión detallada y guía paso a paso

Introducción:

CHATGPT-4 AI es un avanzado modelo de lenguaje desarrollado por OpenAI, basado en la arquitectura GPT-4. Esta herramienta de inteligencia artificial es capaz de comprender y generar textos de forma coherente y natural en múltiples idiomas, siendo una solución ideal para diversas aplicaciones, como redacción de contenido, traducción, asistencia en tiempo real y mucho más. En esta revisión, exploraremos a fondo el demo de CHATGPT-4 AI y proporcionaremos una guía paso a paso sobre cómo utilizarlo de manera efectiva.

Una de las características más destacadas de CHATGPT-4 AI es su facilidad de uso. La interfaz es intuitiva y fácil de navegar, lo que permite a los usuarios aprovechar al máximo el poder de esta herramienta de inteligencia artificial, independientemente de su nivel de experiencia en tecnología.

Características:

CHATGPT-4 AI ofrece una amplia gama de características que satisfacen diversas necesidades y aplicaciones:

1. Comprensión del lenguaje natural: El modelo es capaz de entender y procesar textos en lenguaje natural, lo que permite una interacción más fluida y efectiva con los usuarios.

2. Generación de texto: CHATGPT-4 AI puede producir textos coherentes, bien estructurados y relevantes en función del contexto y las indicaciones proporcionadas por el usuario.

3. Traducción automática: La herramienta es capaz de traducir textos entre múltiples idiomas de manera precisa y natural.

4. Asistente virtual: CHATGPT-4 AI puede actuar como un asistente virtual, proporcionando respuestas y sugerencias útiles en tiempo real.

5. Integración con aplicaciones: La API de CHATGPT-4 AI permite integrar sus funcionalidades en otras aplicaciones y plataformas, ampliando sus posibilidades de uso.

Cómo utilizar CHATGPT-4 AI: Para comenzar a utilizar CHATGPT-4 AI, sigue estos sencillos pasos:

1. Visita el sitio web de OpenAI y crea una cuenta, si aún no lo has hecho. https://chat.openai.com/

Luego presiona Inscribirse para pasar a la próxima pantalla.

Ahora debe de Continuar y escoger una clave que contenga 8 caracteres para proceder a la próxima pantalla.

Luego de que recibes el correo debes de hacer clic para verificar su correo para que pueda entrar a la plataforma donde se le pregunta su nombre y fecha de nacimiento.

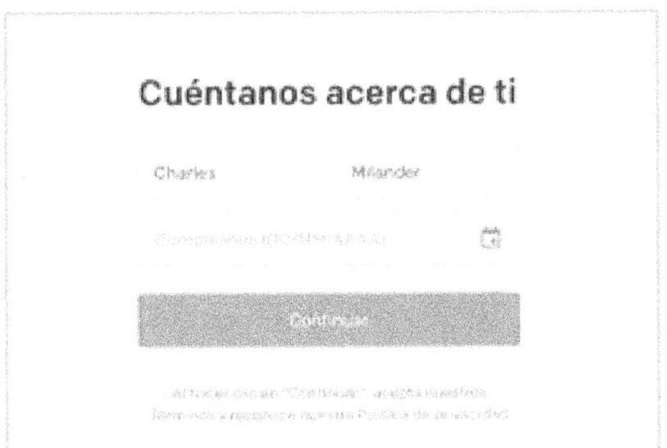

Otra verificación es el número de teléfono que debes de colocar y asegúrate que estes bien para que pueda llegarte el mensaje de verificación y colocarlo.

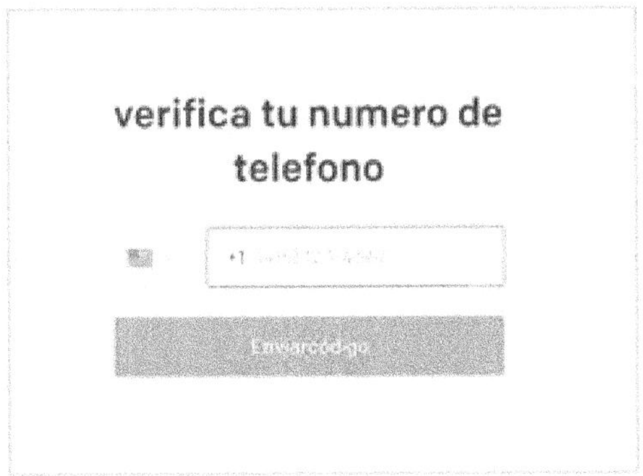

Una vez termina esa parte puedes ver la pantalla de tu primer CHATGPT.

2. Accede a la página de demostración de CHATGPT-4 AI.

3. Ingresa una pregunta, indicación o texto en el cuadro de entrada de texto en la interfaz de la demo.

PREGUNTA:
¿Por favor de sugerir cuales son las cinco mejores maneras de usar el CHATGPT-4?

4. Haz clic en el botón "Enviar" o presiona "Enter" en tu teclado. CHATGPT-4 AI procesará tu solicitud y generará una respuesta en unos segundos.

RESPUESTA:
¡Claro! Aquí hay diez sugerencias sobre cómo puede usar ChatGPT-4:

1. Haga preguntas sobre cualquier tema: ChatGPT-4 tiene una amplia base de conocimientos y puede ayudar a responder preguntas sobre una amplia variedad de temas, desde historia y ciencias hasta tecnología y cultura popular.

2. Obtenga ayuda con tareas: Si necesita ayuda con una tarea escolar o universitaria, ChatGPT-4 puede proporcionar información y explicaciones útiles.

3. Generar ideas: Si necesita ideas para un proyecto creativo o para su trabajo, ChatGPT-4 puede ayudar a generar ideas y sugerencias útiles.

4. Practicar idiomas: ChatGPT-4 puede ayudar a practicar idiomas extranjeros a través de conversaciones y correcciones gramaticales.

5. Conversar sobre temas interesantes: ChatGPT-4 puede conversar sobre cualquier tema que le interese, lo que puede ser una forma divertida de pasar el tiempo y aprender cosas nuevas.

Continuar con los siguientes pasos si es necesario. Lo más importante es que usted comience a usarlo.

6. Revisa la respuesta generada por CHATGPT-4 AI y, si es necesario, ajusta tu solicitud o sigue interactuando con la herramienta para obtener más información.

7. Si deseas utilizar CHATGPT-4 AI en tus propias aplicaciones, consulta la documentación de la API de OpenAI para obtener detalles sobre cómo integrarla.

Sugerencias para tu empresa:

Generación de contenidos para blogs, boletines y redes sociales:

CHATGPT 4 puede ser una herramienta útil para las empresas que deseen generar contenidos para sus blogs, boletines y redes sociales. Pueden utilizar CHATGPT 4 para desarrollar ideas de temas, redactar borradores de artículos y generar contenidos de calidad que sean relevantes para su audiencia y estén en línea con sus valores.

Pasos prácticos:

1. Piensa en un tema o idea relacionada con las actividades de la empresa, que beneficie a tu comunidad.

2. Utiliza CHATGPT 4 para escribir un borrador del artículo o la publicación, proporcionando detalles específicos y preguntas clave que desees abordar.

3. Revisa y edita el contenido generado por CHATGPT 4 para asegurarte de que esté en línea con los valores y objetivos de tu empresa.

4. Publica el contenido en el blog, boletín o redes sociales de la empresa, y fomenta la interacción y el compromiso de la comunidad.

CHATGPT 4 también puede utilizarse para apoyar el aprendizaje y la discusión en grupos. Los líderes de estos grupos pueden utilizar CHATGPT 4 para generar preguntas de reflexión, sugerencias y otros recursos que ayuden a los clientes a profundizar en su comprensión y fortalecer su relación con sus clientes.

Pasos prácticos:

1. Utiliza CHATGPT 4 para generar preguntas de reflexión y sugerencias relacionadas con el tema, proporcionando contexto y detalles relevantes.

2. Revisa y ajusta las preguntas y sugerencias generadas por CHATGPT 4 para asegurarte de que estén en línea con el enfoque y los objetivos de tu empresa.

3. Comparte estas preguntas y sugerencias con los clientes del grupo y utilízalas como punto de partida para fomentar la discusión, el aprendizaje y el crecimiento en la comunidad.

Conclusión:

CHATGPT-4 AI es un modelo de lenguaje revolucionario que ofrece una amplia gama de aplicaciones y posibilidades. Su facilidad de uso, comprensión del lenguaje natural y capacidad para generar texto coherente lo convierten en una herramienta valiosa

LA LLAVE CLAVE #13

OTTER.AI Asistente Virtual:
Una Herramienta Innovadora de Transcripción
Revisión detallada y guía paso a paso:

Introducción:

OTTER.AI es un asistente virtual de inteligencia artificial diseñado para transcribir automáticamente

> *Recuerda siempre que estos pasos están al momento de la impresión de este libro. Es importante verificar con el fabricante porque muchas veces cambian de versión.*

conversaciones, reuniones y grabaciones de audio con alta precisión. Esta herramienta revolucionaria es perfecta para profesionales, estudiantes y cualquier persona que necesite transcripciones rápidas y precisas de discusiones orales. En esta revisión, exploraremos el demo de OTTER.AI y proporcionaremos una guía paso a paso sobre cómo utilizarlo de manera efectiva.

Una de las características más destacadas de OTTER.AI es su interfaz de usuario intuitiva y fácil de navegar. Con solo unos pocos clics, puedes acceder a las potentes funciones de transcripción y administración de archivos que ofrece esta herramienta. Además, OTTER.AI es compatible con una amplia variedad de dispositivos, incluidos teléfonos inteligentes, tabletas y computadoras.

Características:

OTTER.AI ofrece una amplia gama de características que facilitan la transcripción y el manejo de conversaciones grabadas:

1. Transcripción en tiempo real: La herramienta puede transcribir conversaciones en vivo con una precisión impresionante, lo que permite a los usuarios seguir el flujo de la conversación y tomar notas sin perderse ningún detalle importante.

2. Identificación de hablantes: OTTER.AI es capaz de identificar automáticamente a los hablantes en una conversación, lo que facilita la lectura y el análisis de las transcripciones.

3. Sincronización de audio y texto: Las transcripciones se sincronizan automáticamente con las grabaciones de audio, lo que permite a los usuarios saltar fácilmente a partes específicas de la conversación.

4. Exportación de transcripciones: Los usuarios pueden exportar fácilmente las transcripciones en varios formatos, como PDF, DOCX y TXT.

5. Integración con aplicaciones de terceros: OTTER.AI se integra con aplicaciones populares como Zoom, Google Meet y Microsoft Teams, lo que permite a los usuarios transcribir automáticamente las reuniones y grabaciones de estas plataformas.

Cómo utilizar OTTER.AI:

Para comenzar a utilizar OTTER.AI, sigue estos sencillos pasos:

1. Visita el sitio web de OTTER.AI y crea una cuenta gratuita o de pago, dependiendo de tus necesidades. https://otter.ai/start-for-free

Escanea el código QR con tú celular:

2. Descarga e instala la aplicación OTTER.AI en tu dispositivo (teléfono inteligente, tableta o computadora). En este caso nos vamos a

registrar en la página web y vamos a escoger la **OPCION GRATIS. Luego pasas a colocar tu clave y tu nombre.**

Como último paso para el registro te envían un correo de verificación.

3. Inicia sesión en la aplicación con tus credenciales de OTTER.AI. Luego que inicias puedes sincronizar tus correos y calendarios con la aplicación. Esto te permitirá que si no puedes estar en una reunión la aplicación podrá asistir por ti y tomar todas las notas necesarias y darte un resumen de la reunión y enviarte un correo. Nota importante: puedes Habilitar Asistente Nutria para que se encargue de compartir las notas de las reuniones con los participantes.

4. Para grabar y transcribir una conversación en vivo, haz clic en el botón "Grabar" y permite que OTTER.AI acceda al micrófono de tu dispositivo.

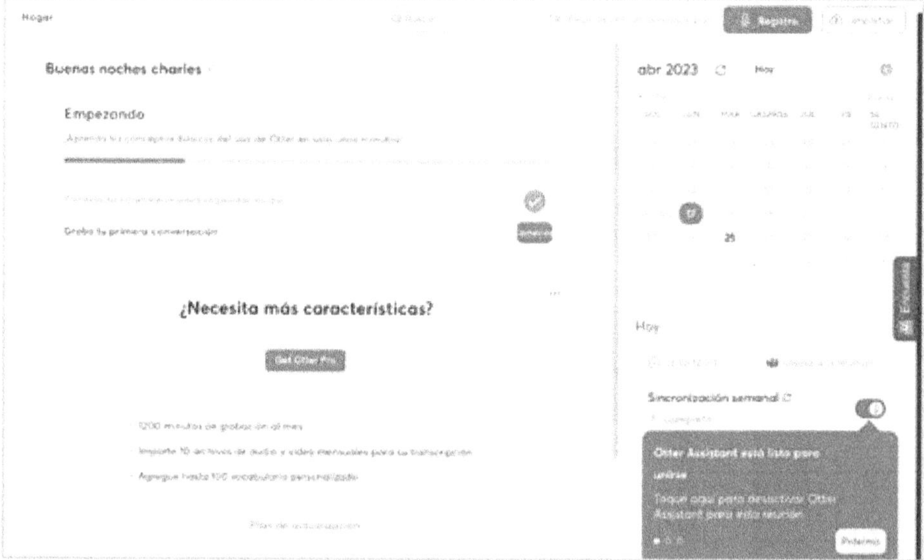

5. Cuando finalice la conversación, detén la grabación y OTTER.AI procesará automáticamente la transcripción.

6. Revisa y edita la transcripción según sea necesario utilizando las herramientas de edición de la aplicación.

7. Exporta la transcripción en el formato deseado y guárdala en tu dispositivo o compártela con otros usuarios.

8. Si deseas transcribir una grabación de audio existente, selecciona la opción "Importar" y carga el archivo de audio. OTTER.AI procesará la transcripción y

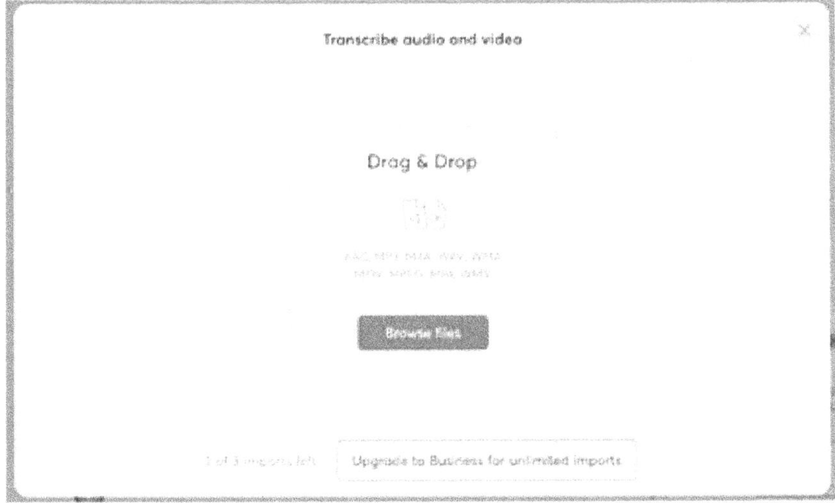

Para transcribir reuniones en aplicaciones de terceros como Zoom, Google Meet o Microsoft Teams, sigue las instrucciones específicas de integración de OTTER.AI para cada plataforma. Esto te permitirá obtener transcripciones en tiempo real durante las reuniones y tener acceso a ellas después.

Sugerencias para tu ministerio:

Transcripción y accesibilidad de sermones y enseñanzas:

Otter.ai puede ser una herramienta valiosa para los ministerios cristianos y las iglesias que deseen transcribir sermones, enseñanzas y otros eventos para mejorar la accesibilidad y el alcance de su contenido. Al utilizar Otter.ai, pueden generar transcripciones precisas de sus grabaciones de audio y video, facilitando el acceso a personas con dificultades auditivas y permitiendo a los miembros de la iglesia revisar y compartir fácilmente el contenido.

Pasos prácticos:

1. Importa las grabaciones de audio o video de los sermones y enseñanzas a Otter.ai.

2. Genera automáticamente la transcripción y revisa el texto para corregir cualquier error o inexactitud.

3. Exporta la transcripción en un formato adecuado, como PDF o archivo de texto.

4. Comparte la transcripción en la página web de la iglesia, redes sociales o envíala por correo electrónico a los miembros de la congregación, para que puedan acceder al contenido fácilmente y en diferentes formatos.

5. Considera añadir subtítulos a los videos de sermones y enseñanzas utilizando las transcripciones generadas por Otter.ai, mejorando aún más la accesibilidad del contenido.

Creación de guías de estudio bíblico y resúmenes de enseñanzas basadas en transcripciones:

Otter.ai también puede utilizarse para crear guías de estudio bíblico y resúmenes de enseñanzas basados en las transcripciones de sermones y otros eventos cristianos. Al proporcionar a los miembros de la iglesia materiales escritos basados en el contenido de las enseñanzas, pueden profundizar en su comprensión de los temas y pasajes bíblicos, y revisar y reflexionar sobre las lecciones aprendidas.

Pasos prácticos:

1. Utiliza Otter.ai para generar transcripciones de las grabaciones de sermones, enseñanzas y otros eventos cristianos, como se describió en el primer ejemplo.

2. Revisa las transcripciones y destaca los puntos clave, ideas centrales y pasajes bíblicos relevantes.

3. Escribe guías de estudio bíblico o resúmenes de enseñanzas basados en las transcripciones, incluyendo preguntas de reflexión, actividades de aplicación práctica y sugerencias para la oración y la meditación.

4. Comparte las guías de estudio y resúmenes con los miembros de la iglesia a través de la página web, redes sociales, correo electrónico o en formato impreso, para que puedan estudiar y reflexionar sobre el contenido en su tiempo libre y en un formato accesible.

5. Considera organizar grupos de estudio bíblico o discusión en la iglesia basados en estas guías de estudio y resúmenes de enseñanzas, fomentando la conexión y el crecimiento espiritual en la comunidad cristiana.

Conclusión:

OTTER.AI es un asistente virtual innovador y potente que ofrece soluciones de transcripción precisas y eficientes. Su facilidad de uso, compatibilidad con múltiples dispositivos y aplicaciones, y la capacidad de identificar hablantes y sincronizar audio y texto hacen de esta herramienta una adición valiosa para profesionales, estudiantes y cualquier persona que necesite transcripciones rápidas y precisas. Sin duda, OTTER.AI es un recurso indispensable en el mundo actual de la comunicación y la colaboración a distancia.

LA LLAVE CLAVE #14
Demo de SYNTHESIA AI:
Revolucionando la Creación de Vídeos
Una Revisión Completa y Guía Paso a Paso

Introducción:

Synthesia AI es una innovadora plataforma de creación de vídeos que aprovecha el poder de la inteligencia artificial para generar vídeos realistas y de alta calidad en cuestión de minutos. Esta tecnología está transformando la forma en que creamos y consumimos contenido visual, haciéndolo más accesible y eficiente que nunca. En esta revisión, nos adentraremos en la demo de Synthesia AI, exploraremos sus diversas características y proporcionaremos una guía paso a paso sobre cómo utilizarla de manera efectiva.

Uno de los aspectos más impresionantes de Synthesia AI es su interfaz fácil de usar. Incluso si tiene poca o ninguna experiencia en edición de vídeos, el diseño intuitivo y la disposición de la plataforma facilitan su navegación. Con una funcionalidad de arrastrar y soltar y claras instrucciones, puedes crear un vídeo de aspecto profesional en poco tiempo.

Características:

Synthesia AI ofrece una gran cantidad de características que satisfacen las necesidades de una amplia gama de usuarios, incluyendo:

1. Avatares realistas: La plataforma ofrece una amplia selección de avatares personalizables que imitan las expresiones y movimientos faciales humanos con increíble precisión. Esto lo hace perfecto para crear vídeos personalizados para marketing, educación y entretenimiento.

2. Texto a voz: El habla generada por IA en Synthesia es sorprendentemente realista, lo que hace difícil diferenciarla del habla humana real. La plataforma ofrece numerosas opciones

de idiomas y voces, lo que garantiza que puedas atender a una audiencia global.

3. Personalización de fondo y objetos: Los usuarios pueden personalizar fácilmente sus vídeos eligiendo entre una vasta biblioteca de imágenes de fondo, vídeos y objetos 3D. Esto permite una creatividad ilimitada y contenido de vídeo verdaderamente único.

4. Opciones de exportación de vídeo: Synthesia AI admite múltiples formatos y resoluciones de vídeo, lo que facilita compartir tus creaciones en varias plataformas.

El único inconveniente menor es que algunas características avanzadas de edición aún no están disponibles, lo que puede ser limitante para los editores de vídeo profesionales. Sin embargo, la plataforma está mejorando y ampliando continuamente sus capacidades.

Cómo usar Synthesia AI: Para crear tu primer vídeo con Synthesia AI, sigue estos sencillos pasos:

1. Regístrate en la plataforma de Synthesia AI. https://app.synthesia. io/#/signup

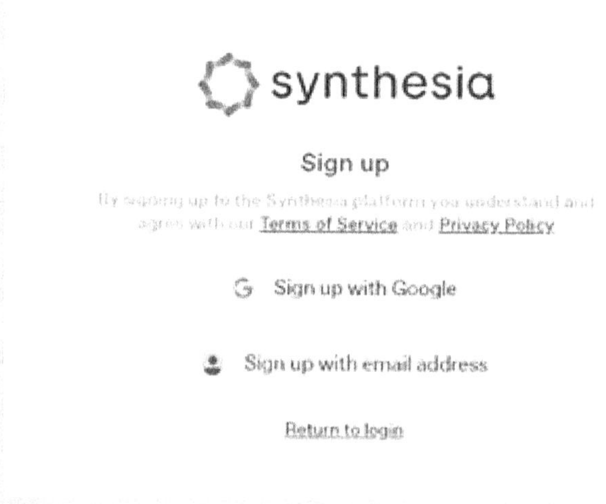

Ten en cuenta que te enviaran un código de verificación a tu correo.

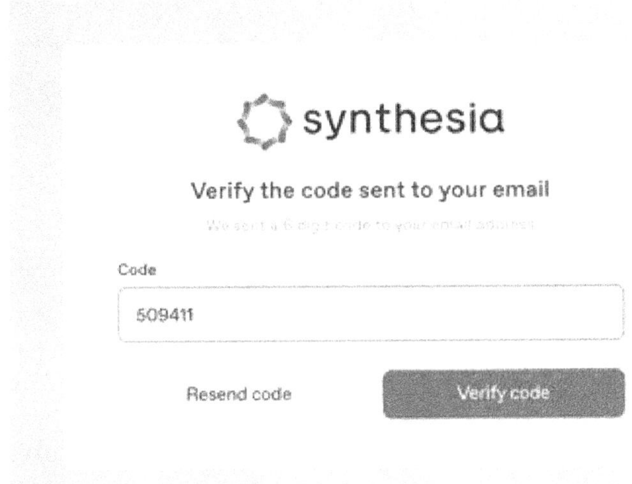

Luego debes de escoger el Plan que sea más conveniente para ti.

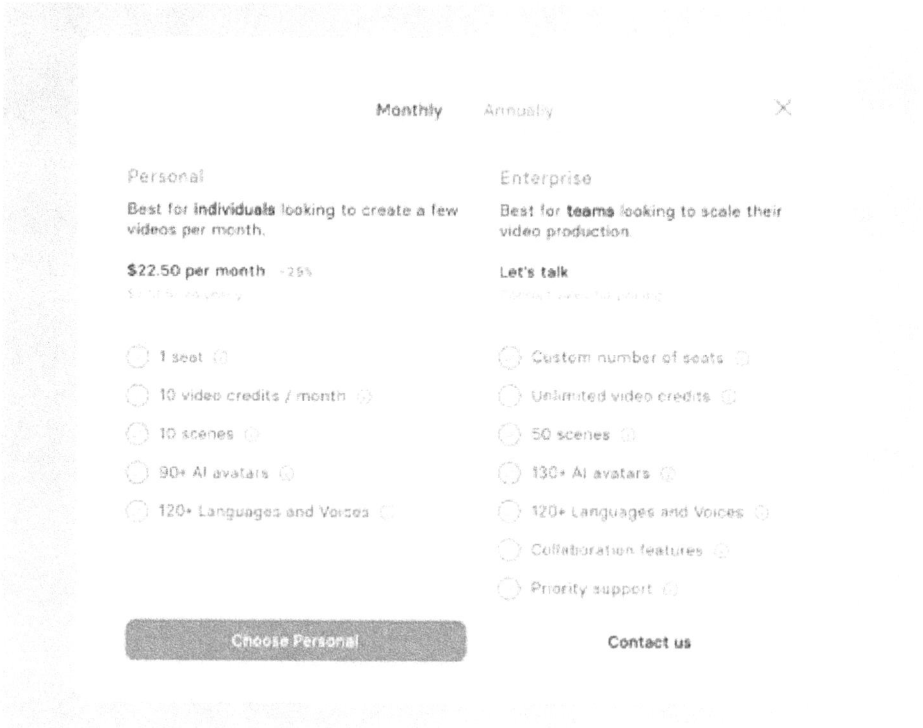

Luego que pasas por el proceso de registración entonces vamos a la parte de crear el primer video.

2. Selecciona la opción "Crear nuevo vídeo".

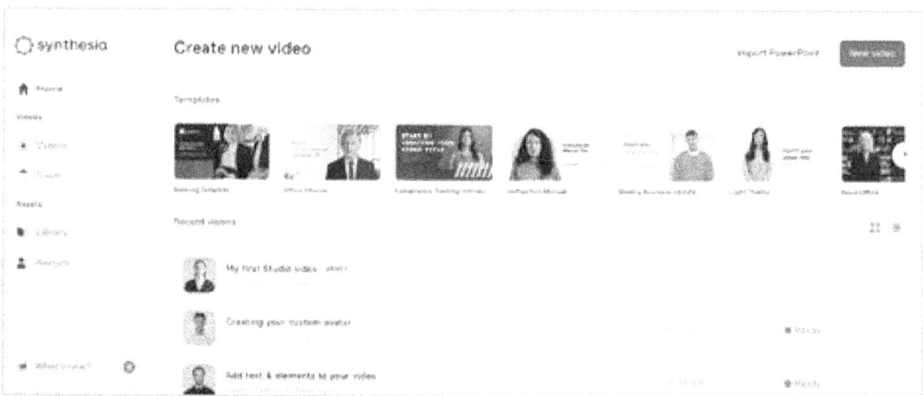

Luego debe de escoger si quiere crear su propio avatar subiendo su imagen o utilizar de la librería de Synthesia. En este caso tomaremos "Content Marketing" Contenido de Mercadeo.

3. Elige un avatar de las opciones disponibles o sube una foto para crear un avatar personalizado.

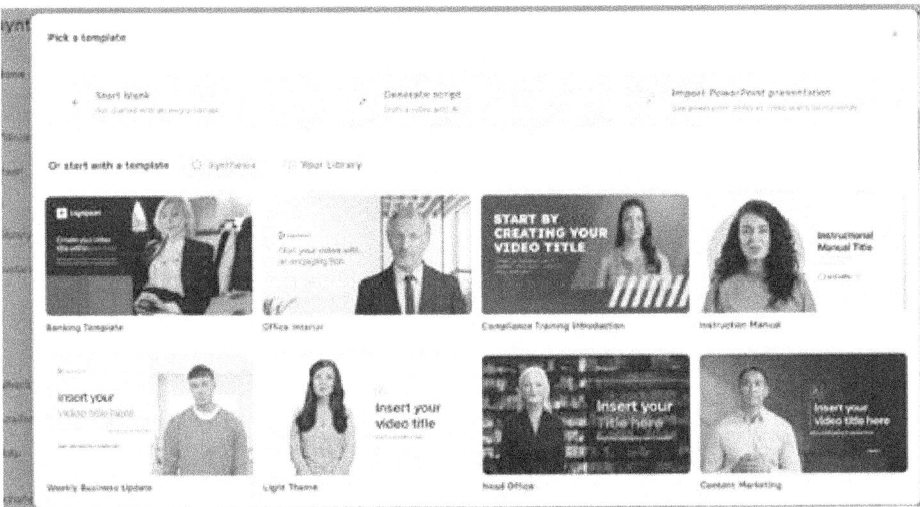

4. Escribe o pega tu guión en el cuadro de texto proporcionado y selecciona una voz e idioma para la función de texto a voz.

5. Elige una imagen de fondo, vídeo u objeto 3D para mejorar el atractivo visual de tu vídeo.

6. Previsualiza tu vídeo y realiza los ajustes necesarios.

7. Exporta el vídeo en el formato y resolución deseados.

Conclusión:

Synthesia AI ha revolucionado toda una industria en buena hora.

Creación de videos de anuncios y promociones para eventos de la iglesia:

Synthesia AI puede ser útil para los ministerios cristianos y las iglesias que deseen crear videos de anuncios y promociones para eventos y actividades religiosas, como servicios dominicales, grupos de estudio bíblico, retiros y eventos especiales. Con Synthesia AI, pueden generar fácilmente videos de alta calidad con presentadores virtuales que entregan información y mensajes personalizados a su audiencia.

Pasos prácticos:

1. Ingresa a Synthesia AI y crea un nuevo proyecto de video.

2. Elige un presentador virtual de la biblioteca de avatares disponibles.

3. Escribe el guion que deseas que el presentador virtual recite en el video, incluyendo detalles del evento o actividad de la iglesia, fechas, horarios y puntos clave.

4. Personaliza la apariencia del presentador, el fondo y otros elementos visuales según sea necesario.

5. Genera el video y revisa el resultado. Si es necesario, realiza ajustes en el guion o en la apariencia del presentador.

6. Descarga y comparte el video en la página web de la iglesia, redes sociales o envíalo por correo electrónico a los miembros de la congregación.

Producción de videos de enseñanza y testimonios para compartir en línea:

Synthesia AI puede ayudar a los ministerios cristianos y las iglesias a producir videos de enseñanza y testimonios de miembros de la congregación para compartir en línea y en redes sociales. Estos videos pueden utilizarse para enseñar lecciones bíblicas, compartir historias inspiradoras y fomentar la conexión y el compromiso entre los miembros de la iglesia.

Pasos prácticos:

1. Planifica el contenido del video, ya sea una enseñanza basada en un pasaje bíblico, una parábola o una historia de testimonio personal de un miembro de la congregación.

2. Ingresa a Synthesia AI y crea un nuevo proyecto de video.

3. Selecciona un presentador virtual adecuado para entregar el mensaje. En el caso de un testimonio personal, podrías considerar usar un avatar que se parezca al miembro de la iglesia que comparte su historia.

4. Escribe el guion para el video, asegurándote de incluir los puntos clave y las ideas centrales de la enseñanza o el testimonio.

5. Personaliza la apariencia del presentador, el fondo y otros elementos visuales para adaptarse al contenido y al tono del video.

6. Genera el video y revisa el resultado. Si es necesario, realiza ajustes en el guion o en la apariencia del presentador.

7. Descarga y comparte el video en las plataformas en línea de la iglesia, redes sociales o como parte de un boletín por correo electrónico.

LA LLAVE CLAVE #15
DALL-E 2:
Generador de Imágenes Impulsado por IA
Revisión detallada y guía paso a paso

Introducción:

DALL-E 2 es un innovador generador de imágenes basado en inteligencia artificial desarrollado por OpenAI, la misma organización detrás de GPT-3 y CHATGPT-4. Esta herramienta utiliza la arquitectura Transformer para generar imágenes de alta calidad a partir de descripciones textuales, abriendo un mundo de posibilidades para diseñadores, artistas y creadores de contenido. En esta revisión, analizaremos a fondo el demo de DALL-E 2 y proporcionaremos una guía paso a paso sobre cómo utilizarlo de manera efectiva.

DALL-E 2 cuenta con una interfaz de usuario intuitiva que facilita la interacción con el generador de imágenes. Aunque puede que los usuarios necesiten un poco de tiempo para familiarizarse con la herramienta y aprender a proporcionar descripciones textuales precisas y eficaces, en general, DALL-E 2 es accesible para personas con diferentes niveles de experiencia en tecnología y diseño.

Características:

DALL-E 2 ofrece una serie de características que lo hacen destacar en el campo de la generación de imágenes impulsada por IA:

1. Generación de imágenes a partir de texto: DALL-E 2 crea imágenes de alta calidad basadas en descripciones textuales proporcionadas por el usuario, lo que permite una rápida y fácil creación de contenido visual.

2. Versatilidad: La herramienta es capaz de generar una amplia variedad de imágenes, desde ilustraciones abstractas hasta representaciones realistas de objetos y escenas.

3. Combinación de elementos: DALL-E 2 puede combinar diferentes elementos y conceptos en una sola imagen, lo que fomenta la creatividad y la experimentación.

4. Personalización: El generador ofrece opciones de personalización que permiten a los usuarios ajustar el estilo, la composición y otros aspectos de las imágenes generadas.

Cómo utilizar DALL-E 2:

Para comenzar a utilizar DALL-E 2, sigue estos sencillos pasos:

1. Visita el sitio web de OpenAI y accede a la página de demostración de DALL-E 2. https://openai.com/product/dall-e-2 -

Verifique su correo electrónico

Enviamos un correo electrónico a
charles@charlesmilander.com .
Haga clic en el enlace interior para
empezar.

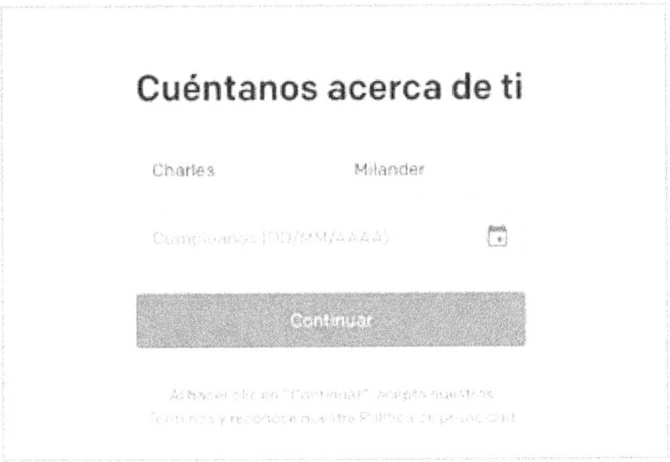

Reenviar correo electrónico

Cuéntanos acerca de ti

Charles   Milander

Cumpleaños (DD/MM/AAAA)

Continuar

Al hacer clic en "Continuar", acepta nuestros
Términos y reconoce nuestra Política de privacidad

verifica tu numero de telefono

+1 (450) 123-4567

Enviar código

2. Escribe una descripción textual de la imagen que deseas generar en el cuadro de entrada de texto. Asegúrate de ser claro y específico en tu descripción para obtener los mejores resultados posibles. En mi caso yo coloque **(mostrar una pareja en la playa de Cartagena, Colombia) Resultado:**

3. Haz clic en el botón "Generar" o presiona "Enter" en tu teclado. DALL-E 2 procesará tu solicitud y mostrará varias imágenes generadas en función de tu descripción.

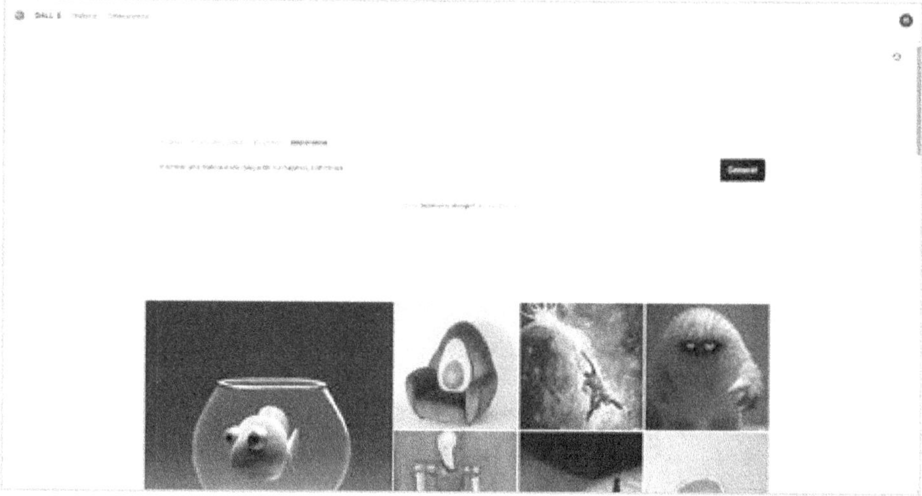

4. Revisa las imágenes generadas y selecciona la que mejor se ajuste a tus necesidades. Si no estás satisfecho con los resultados, ajusta tu descripción y vuelve a generar las imágenes.

5. Una vez que hayas seleccionado una imagen, descárgala en tu dispositivo o guárdala en tus archivos de OpenAI.

6. Si deseas utilizar DALL-E 2 en tus propias aplicaciones o proyectos, consulta la documentación de la API de OpenAI para obtener detalles sobre cómo integrarla.

Sugerencias para tu ministerio:

Creación de imágenes personalizadas para materiales promocionales y de enseñanza:

DALL-E 2 puede ser una herramienta útil para los ministerios cristianos y las iglesias que deseen crear imágenes personalizadas y únicas para su uso en materiales promocionales, como carteles, folletos y publicaciones en redes sociales, así como en materiales de enseñanza, como presentaciones de diapositivas y guías de estudio. Con DALL-E 2, pueden generar fácilmente imágenes que se ajusten a sus necesidades y reflejen el mensaje o tema de sus eventos y actividades religiosas.

Pasos prácticos:

1. Ingresa a DALL-E 2 y piensa en una descripción detallada de la imagen que deseas crear, relacionada con el evento, actividad o tema de enseñanza de la iglesia.

2. Escribe la descripción en DALL-E 2 y genera una serie de imágenes basadas en la descripción proporcionada.

3. Revisa las imágenes generadas y selecciona la que mejor se adapte a tus necesidades y preferencias.

4. Descarga y utiliza la imagen en tus materiales promocionales o de enseñanza, como carteles, folletos, publicaciones en redes sociales, presentaciones de diapositivas o guías de estudio.

Estimular la creatividad y la participación de los miembros de la iglesia en la creación de contenido visual:

DALL-E 2 puede utilizarse para involucrar a los miembros de la iglesia en la creación de contenido visual y fomentar la creatividad en la comunidad religiosa. Los ministerios cristianos y las iglesias pueden organizar talleres o actividades de diseño gráfico en grupo, en las que los participantes utilicen DALL-E 2 para generar ideas visuales y luego colaboren en la creación de imágenes y materiales visuales para su uso en la iglesia y en línea.

Pasos prácticos:

1. Organiza un taller o actividad de diseño gráfico en tu iglesia e invita a los miembros interesados en participar.

2. Proporciona una breve introducción sobre cómo utilizar DALL-E 2 y explica cómo sus características pueden ayudar a los participantes a generar ideas visuales y crear imágenes únicas y personalizadas.

3. Divide a los participantes en grupos y asigna a cada grupo una tarea específica, como diseñar un póster para un próximo evento de la iglesia, crear imágenes para una serie de enseñanzas o desarrollar gráficos para las redes sociales de la iglesia.

4. Anima a los grupos a utilizar DALL-E 2 para explorar diferentes conceptos visuales y colaborar en la creación de sus imágenes y materiales visuales.

5. Al final del taller o actividad, invita a cada grupo a presentar y compartir sus creaciones con el resto de los participantes y, si es apropiado, considera incorporar algunas de las imágenes en los materiales promocionales y de enseñanza de la iglesia.

Conclusión:

DALL-E 2 es una herramienta revolucionaria que ofrece una nueva forma de generar imágenes basadas en descripciones textuales. Su facilidad de uso, versatilidad y capacidad para combinar y personalizar elementos hacen de esta herramienta un recurso valioso para diseñadores, artistas y creadores de contenido. A medida que la inteligencia artificial sigue evolucionando y mejorando, es probable que DALL-E 2 y herramientas similares desempeñen un papel cada vez más importante en la creación de contenido visual y en la transformación del panorama creativo.

LA LLAVE CLAVE #16
ALWRITE.AI:
Herramienta Avanzada de Redacción Asistida por IA
Revisión detallada y guía paso a paso

Introducción:

Alwrite.ai es una herramienta de redacción asistida por inteligencia artificial que ayuda a los usuarios a crear contenido de alta calidad de manera rápida y eficiente. Al utilizar algoritmos avanzados de aprendizaje automático y procesamiento del lenguaje natural, Alwrite.ai mejora la productividad y la calidad del contenido, siendo ideal para escritores, redactores, blogueros y profesionales del marketing. En esta revisión, analizaremos a fondo el demo de Alwrite.ai y proporcionaremos una guía paso a paso sobre cómo utilizarlo de manera efectiva.

Alwrite.ai cuenta con una interfaz de usuario intuitiva y fácil de usar que permite a los usuarios acceder a las potentes funciones de la herramienta con solo unos pocos clics. La plataforma ofrece una experiencia de escritura fluida y agradable, lo que la convierte en una excelente opción para usuarios con diferentes niveles de experiencia en tecnología y redacción.

Características:

Alwrite.ai ofrece una serie de características que facilitan la creación de contenido de alta calidad:

1. Sugerencias de escritura en tiempo real: La herramienta proporciona sugerencias de palabras y frases mientras escribes, lo que te ayuda a mejorar la fluidez y coherencia de tu contenido.

2. Revisión y corrección gramatical: Alwrite.ai revisa automáticamente la gramática, ortografía y puntuación, asegurando que tu contenido esté libre de errores.

3. Asistencia en la estructuración del contenido: La herramienta ayuda a los usuarios a organizar y estructurar su contenido de manera lógica y coherente, facilitando la creación de artículos, publicaciones de blog y otros tipos de texto.

4. Generación automática de ideas: Alwrite.ai puede generar ideas y temas para tus textos, lo que facilita la creación de contenido nuevo y original.

5. Integración con aplicaciones populares: La herramienta se integra con aplicaciones populares como Google Docs y WordPress, permitiendo a los usuarios trabajar en su entorno preferido.

Cómo utilizar Alwrite.ai:

Para comenzar a utilizar Alwrite.ai, sigue estos sencillos pasos:

1. Visita el sitio web de www.Alwrite.ai y crea una cuenta gratuita o de pago, según tus necesidades.

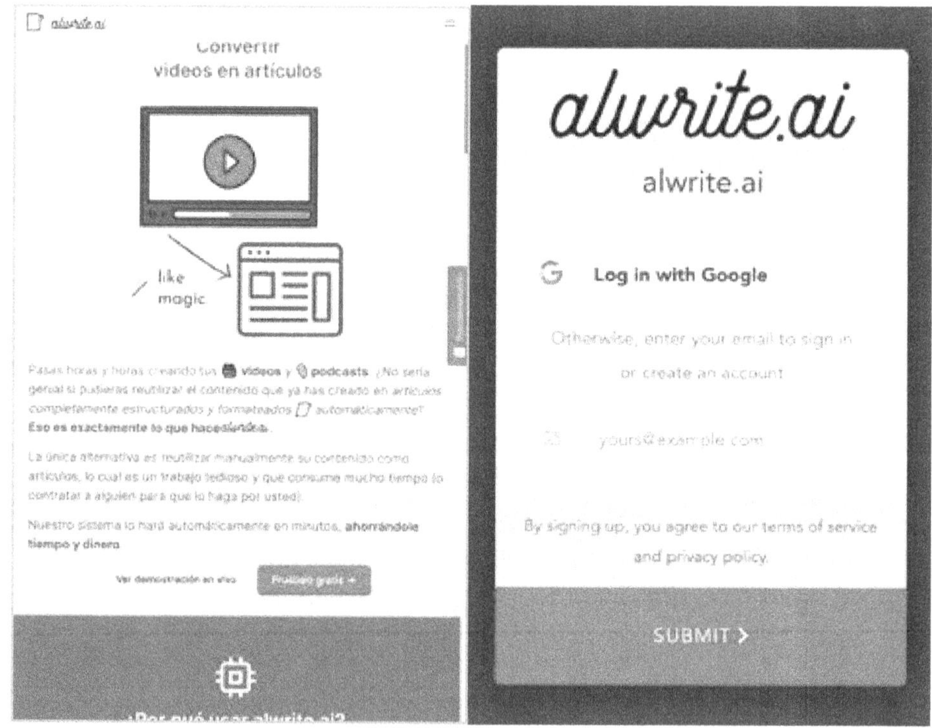

2. Luego que recibas el correo de confirmación debes de Inicia sesión en la plataforma y accede al editor de texto en línea de Alwrite.ai.

3. Comienza a escribir tu contenido en el editor. A medida que escribes, Alwrite.ai te proporcionará sugerencias de palabras y frases en tiempo real para mejorar la fluidez y coherencia de tu texto.

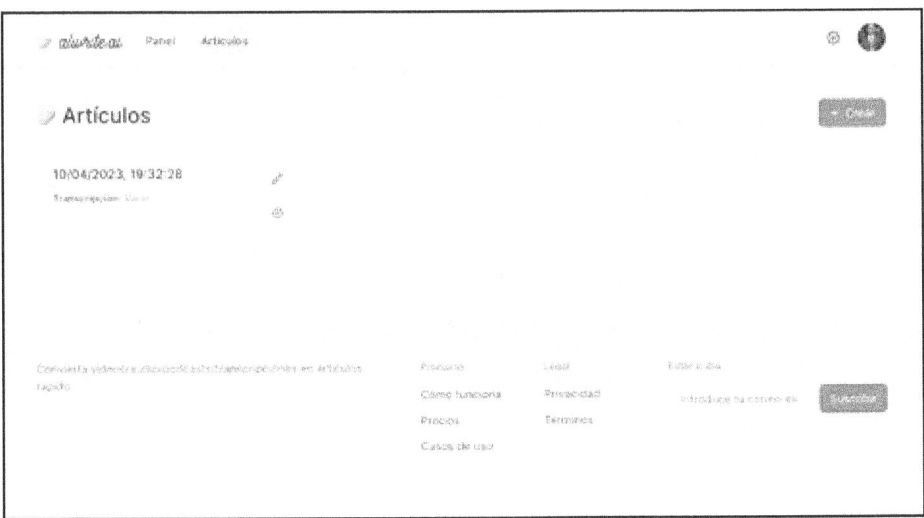

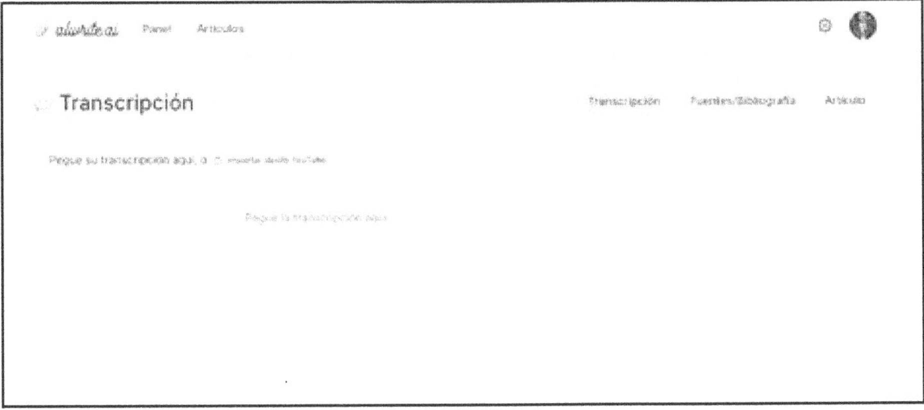

4. Utiliza las herramientas de revisión y corrección gramatical para asegurarte de que tu contenido esté libre de errores. Puedes observar que tome el video de predica del Pastor José Satirio Do Santos para hacer una prueba y solo coloque el enlace en la aplicación para que se transcriba una copiar del mensaje. https:// youtu.be/EO3WSVmr5Bo

5. Si necesitas ayuda para estructurar tu contenido, sigue las sugerencias y recomendaciones proporcionadas por la herramienta. Debes de presionar salvar o ahorrar para que puedas pasar a la parte de transforma tu artículo.

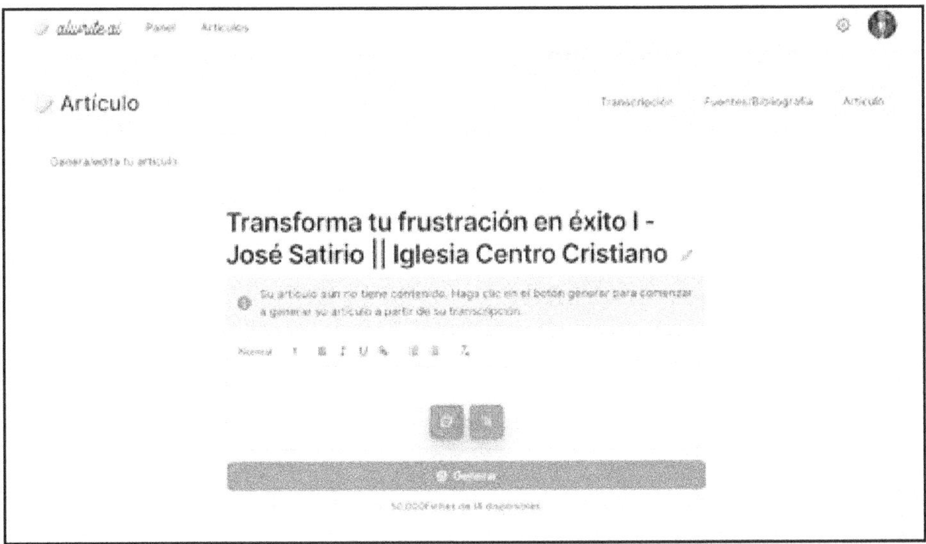

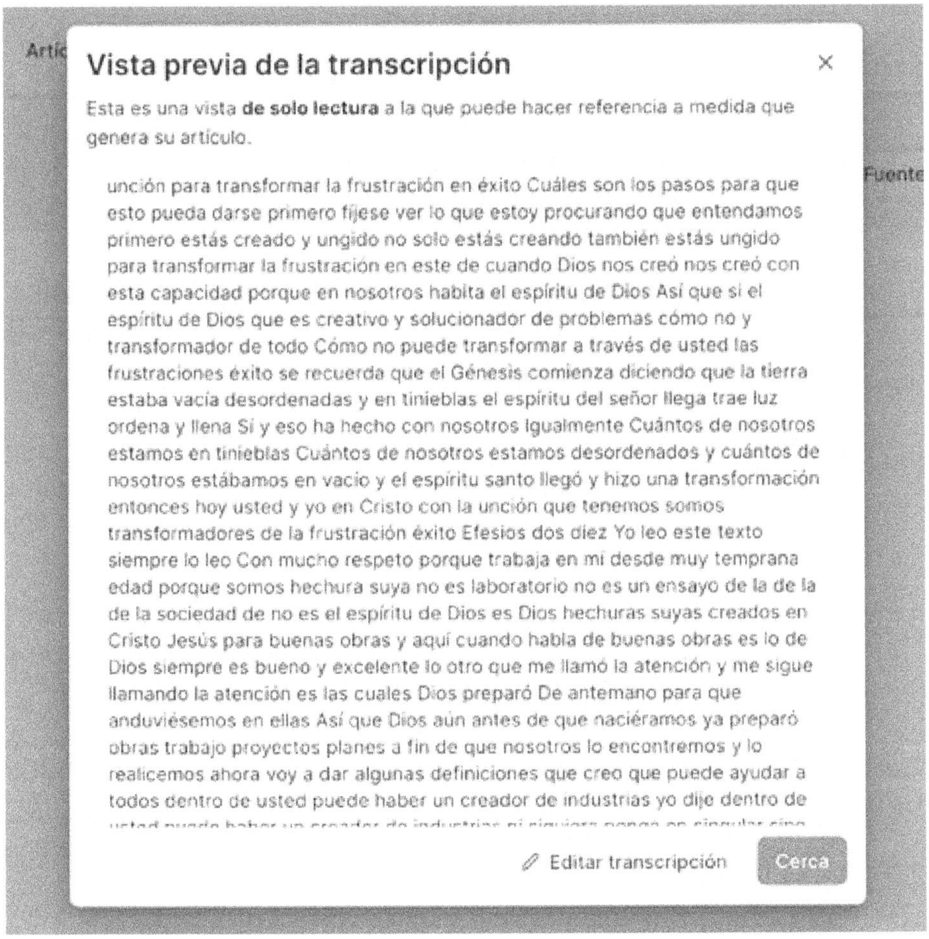

Vista previa de la transcripción

Esta es una vista **de solo lectura** a la que puede hacer referencia a medida que genera su artículo.

unción para transformar la frustración en éxito Cuáles son los pasos para que esto pueda darse primero fíjese ver lo que estoy procurando que entendamos primero estás creado y ungido no solo estás creando también estás ungido para transformar la frustración en este de cuando Dios nos creó nos creó con esta capacidad porque en nosotros habita el espíritu de Dios Así que si el espíritu de Dios que es creativo y solucionador de problemas cómo no y transformador de todo Cómo no puede transformar a través de usted las frustraciones éxito se recuerda que el Génesis comienza diciendo que la tierra estaba vacía desordenadas y en tinieblas el espíritu del señor llega trae luz ordena y llena Sí y eso ha hecho con nosotros Igualmente Cuántos de nosotros estamos en tinieblas Cuántos de nosotros estamos desordenados y cuántos de nosotros estábamos en vacío y el espíritu santo llegó y hizo una transformación entonces hoy usted y yo en Cristo con la unción que tenemos somos transformadores de la frustración éxito Efesios dos diez Yo leo este texto siempre lo leo Con mucho respeto porque trabaja en mí desde muy temprana edad porque somos hechura suya no es laboratorio no es un ensayo de la de la de la sociedad de no es el espíritu de Dios es Dios hechuras suyas creados en Cristo Jesús para buenas obras y aquí cuando habla de buenas obras es lo de Dios siempre es bueno y excelente lo otro que me llamó la atención y me sigue llamando la atención es las cuales Dios preparó De antemano para que anduviésemos en ellas Así que Dios aún antes de que naciéramos ya preparó obras trabajo proyectos planes a fin de que nosotros lo encontremos y lo realicemos ahora voy a dar algunas definiciones que creo que puede ayudar a todos dentro de usted puede haber un creador de industrias yo dije dentro de usted puede haber un creador de industrias ni siquiera pongo en singular sino

✎ Editar transcripción   Cerca

6. Utiliza la función de generación automática de ideas para obtener inspiración y temas para tus textos.

7. Si deseas trabajar en aplicaciones populares como Google Docs o WordPress, sigue las instrucciones de integración de Alwrite.ai para cada plataforma.

Sugerencias para tu ministerio:

Redacción de boletines informativos y comunicaciones internas:

Alwrite.ai puede ser una herramienta útil para los ministerios cristianos y las iglesias que buscan redactar boletines informativos y comunicaciones internas de manera eficiente. Con la ayuda de Alwrite.ai, pueden generar textos de alta calidad que transmitan información importante y actualizaciones sobre eventos, proyectos y actividades de la iglesia.

Pasos prácticos:

1. Reúne la información relevante y los detalles de los eventos, proyectos y actividades de la iglesia que deseas incluir en el boletín informativo o comunicación interna.

2. Utiliza Alwrite.ai para redactar el contenido del boletín informativo o comunicación interna, proporcionando la información recopilada y cualquier instrucción específica sobre el enfoque o estilo.

3. Revisa y edita el contenido generado por Alwrite.ai para asegurarte de que esté en línea con los valores y objetivos de tu iglesia o ministerio.

4. Distribuye el boletín informativo o comunicación interna a los miembros de la iglesia, ya sea por correo electrónico, en formato impreso o a través de una plataforma de comunicación interna.

Creación de material didáctico y recursos educativos para programas de enseñanza cristiana:

Alwrite.ai también puede ser útil para crear material didáctico y recursos educativos para programas de enseñanza cristiana, como la escuela dominical, clases de confirmación, retiros y talleres. Los líderes y educadores cristianos pueden utilizar Alwrite.ai para generar lecciones, actividades y materiales de estudio basados en pasajes bíblicos y temas cristianos relevantes.

Pasos prácticos:

1. Identifica el pasaje bíblico, tema cristiano o área de estudio que deseas abordar en el material didáctico o recurso educativo.

2. Utiliza Alwrite.ai para generar el contenido del material o recurso, proporcionando detalles relevantes y especificando el formato y estructura deseados (por ejemplo, una lección de la Escuela Dominical, un plan de estudio para un retiro, etc.).

3. Revisa y ajusta el contenido generado por Alwrite.ai para asegurarte de que esté en línea con las enseñanzas bíblicas y los objetivos educativos de tu programa de enseñanza cristiana.

4. Utiliza y comparte el material didáctico o recurso educativo generado en las clases, talleres, retiros y otros programas de enseñanza cristiana, para apoyar el aprendizaje y el crecimiento espiritual de los miembros de la comunidad cristiana

Conclusión:

Alwrite.ai es una herramienta de redacción asistida por inteligencia artificial eficiente y fácil de usar que ofrece una amplia gama de características y funciones para mejorar la calidad y la productividad de la creación de contenido. Al proporcionar sugerencias de escritura en tiempo real, revisión gramatical y asistencia en la estructuración del contenido, Alwrite.ai es una opción ideal para escritores, redactores, blogueros y profesionales del marketing que buscan optimizar su proceso de redacción. En resumen, Alwrite.ai es una herramienta valiosa y versátil que merece la pena probar para aquellos que deseen mejorar su escritura y generar contenido de alta calidad de manera rápida y eficiente.

LA LLAVE CLAVE #17
DESCRIPT.COM:
Editor de Audio y Video Impulsado por IA
Revisión detallada y guía paso a paso

Introducción:

Descript.com es una innovadora herramienta de edición de audio y video impulsada por inteligencia artificial que facilita la creación y edición de contenido multimedia. Con funciones avanzadas de transcripción, edición y colaboración, Descript es ideal para creadores de contenido, podcasters, profesionales del marketing y cualquier persona que trabaje con contenido de audio y video. En esta revisión, analizaremos a fondo el demo de Descript.com y proporcionaremos una guía paso a paso sobre cómo utilizarlo de manera efectiva.

Descript.com cuenta con una interfaz de usuario intuitiva que facilita la navegación y el acceso a las potentes funciones de la herramienta. Aunque los usuarios pueden necesitar algo de tiempo para familiarizarse con la edición basada en texto, en general, Descript es fácil de usar y accesible para personas con diferentes niveles de experiencia en edición de audio y video.

Características:

Descript.com ofrece una serie de características que lo hacen destacar en el campo de la edición de contenido multimedia:

1. Transcripción automática: Descript utiliza inteligencia artificial para transcribir automáticamente grabaciones de audio y video con alta precisión.

2. Edición basada en texto: Los usuarios pueden editar sus grabaciones de audio y video simplemente editando la transcripción de texto correspondiente, lo que agiliza y simplifica el proceso de edición.

3. Sincronización de audio y texto: Las transcripciones se sincronizan automáticamente con las grabaciones de audio y video, lo que facilita la navegación y edición del contenido.

4. Herramientas de colaboración: Descript permite a los usuarios colaborar en tiempo real en proyectos, lo que facilita la revisión y el intercambio de ideas.

5. Exportación e integración: Los usuarios pueden exportar fácilmente sus proyectos en una variedad de formatos y compartirlos en plataformas populares como YouTube, Vimeo y SoundCloud.

Cómo utilizar Descript.com:

Para comenzar a utilizar Descript.com, sigue estos sencillos pasos:

1. Visita el sitio web de Descript.com y crea una cuenta gratuita o de pago, según tus necesidades.

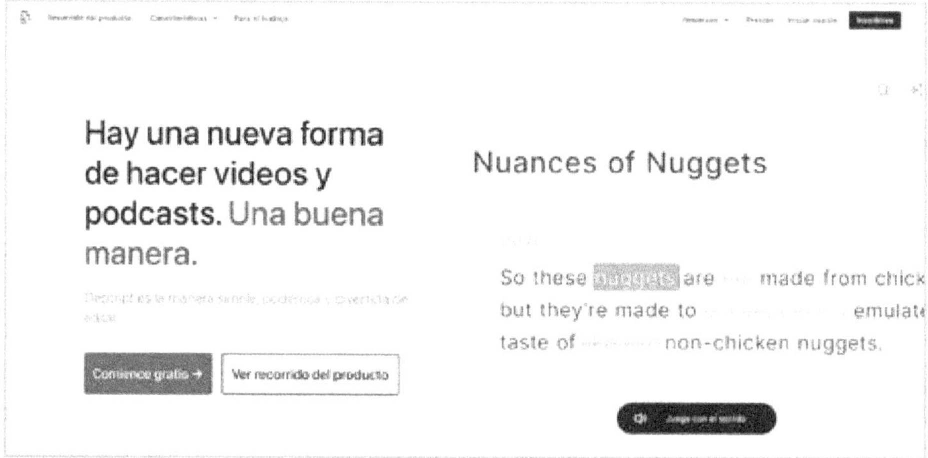

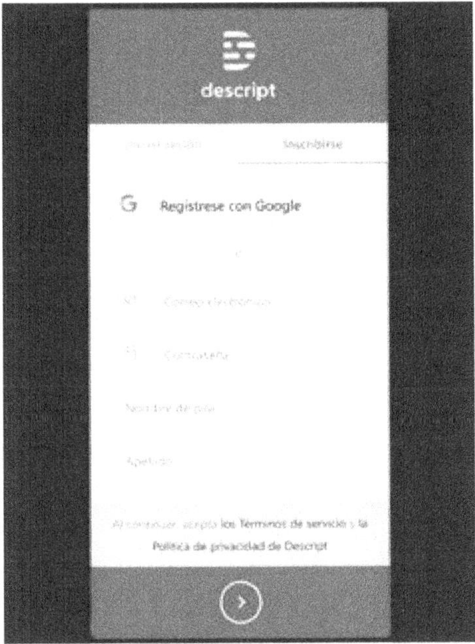

2. Descarga e instala la aplicación Descript en tu computadora.

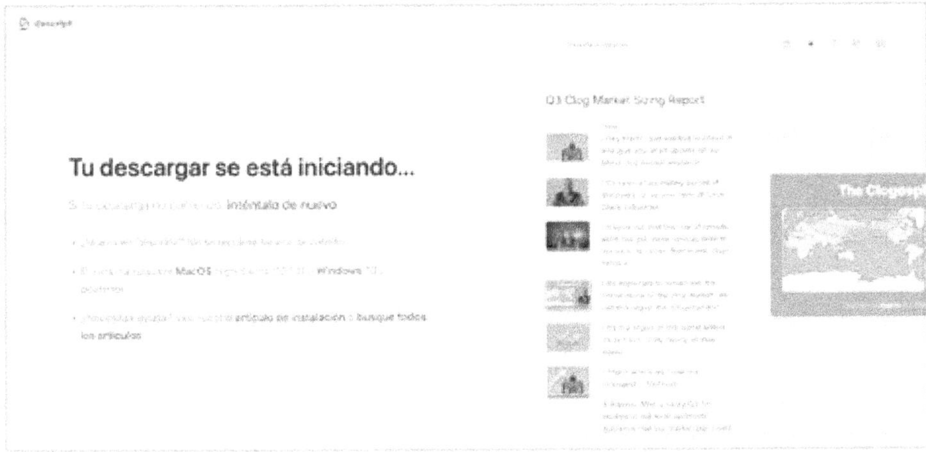

3. Inicia sesión en la aplicación con tus credenciales de Descript.com.

4. Crea un nuevo proyecto y arrastra tus archivos de audio o video al espacio de trabajo de Descript. "New Project" es el botón azul.

5. Espera a que Descript transcriba automáticamente tus grabaciones. Una vez completada la transcripción, revisa y edita el texto según sea necesario.

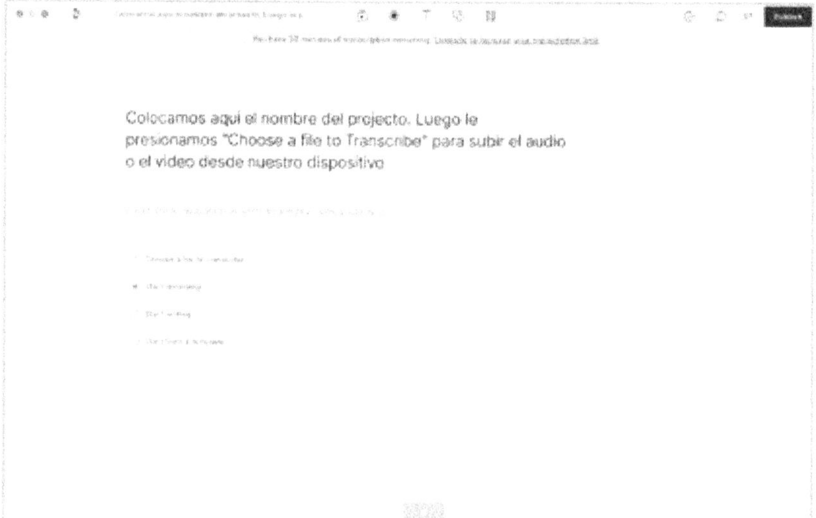

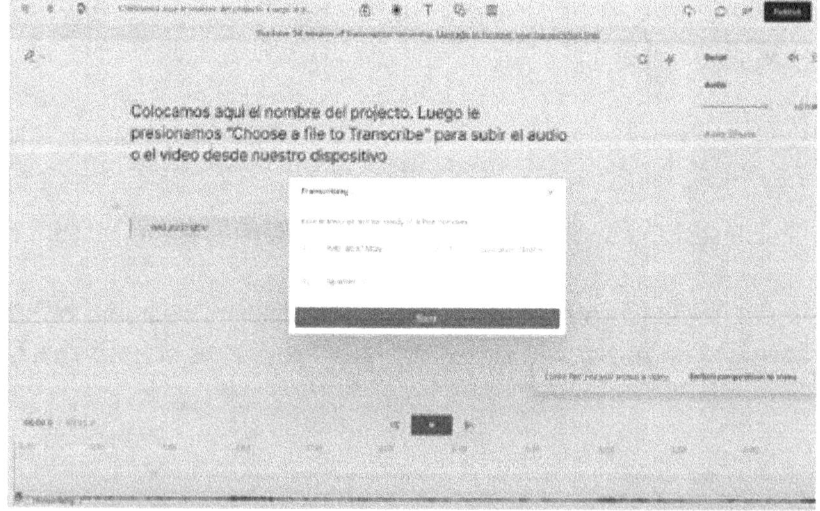

6. Para editar tus grabaciones de audio y video, simplemente edita la transcripción de texto. Las modificaciones que realices en el texto se aplicarán automáticamente al contenido multimedia.

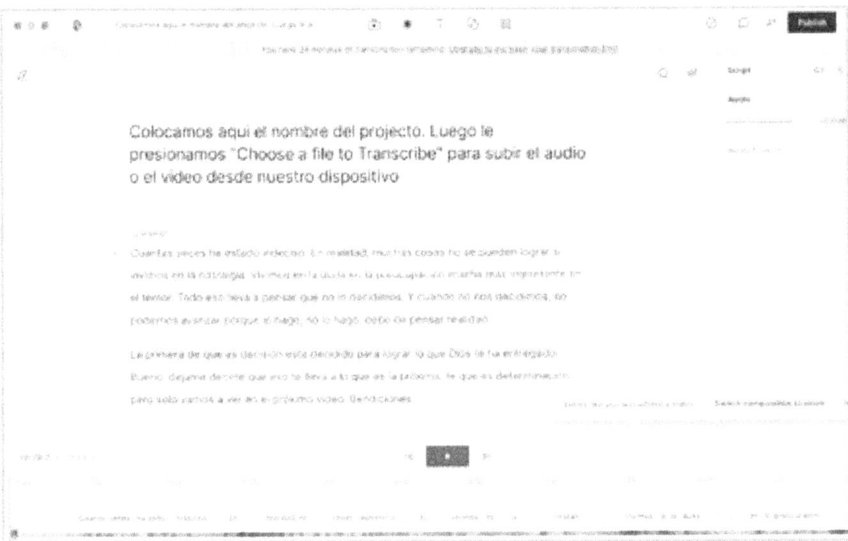

Luego puedes cambiar a composición de video para que puedas ver el texto a la izquierda y el video a la derecha. Otra opción muy buena que pude ver es que agrega los subtítulos con estilos maravillosos.

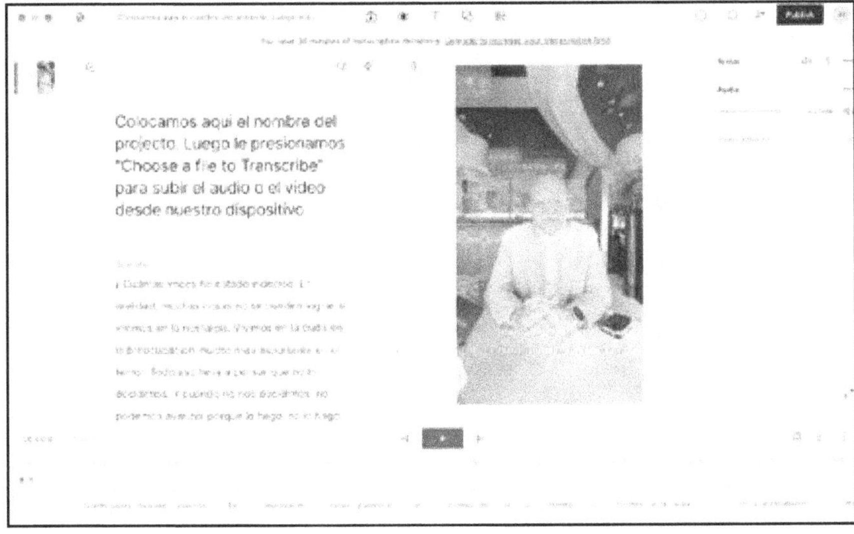

Para motivo demostrar solo debes hacer clic en la parte superior donde están cuando cuadros pequeños y seleccionar en este caso la opción que está en pantalla para tener el mismo resultado.

7. Utiliza las herramientas de colaboración para invitar a otras personas a trabajar en tu proyecto y compartir ideas. Puedes también compartirlo en las diferentes plataformas y luego tener si quiere una versión para ti pulsando el botón PUBLISH.

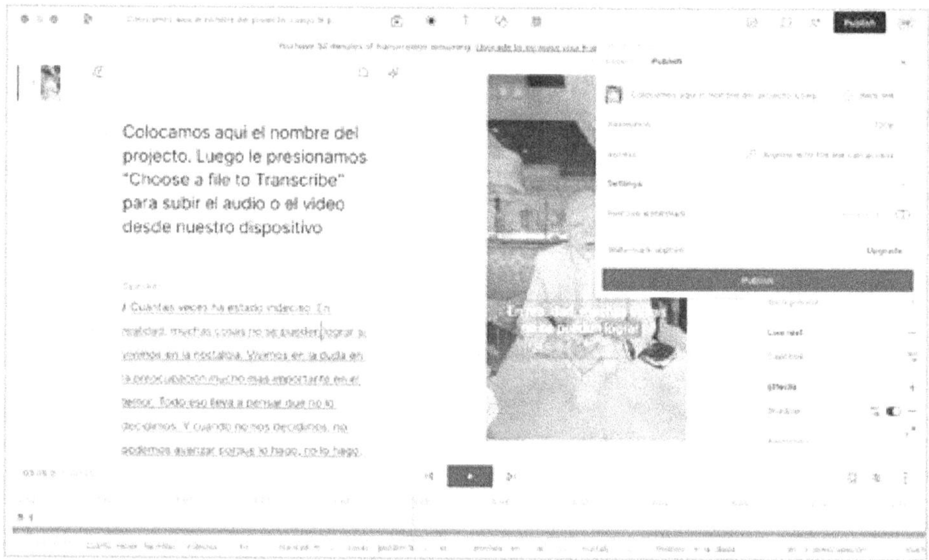

8. Cuando hayas terminado de editar, exporta tu proyecto en el formato deseado y compártelo en las plataformas de tu elección.

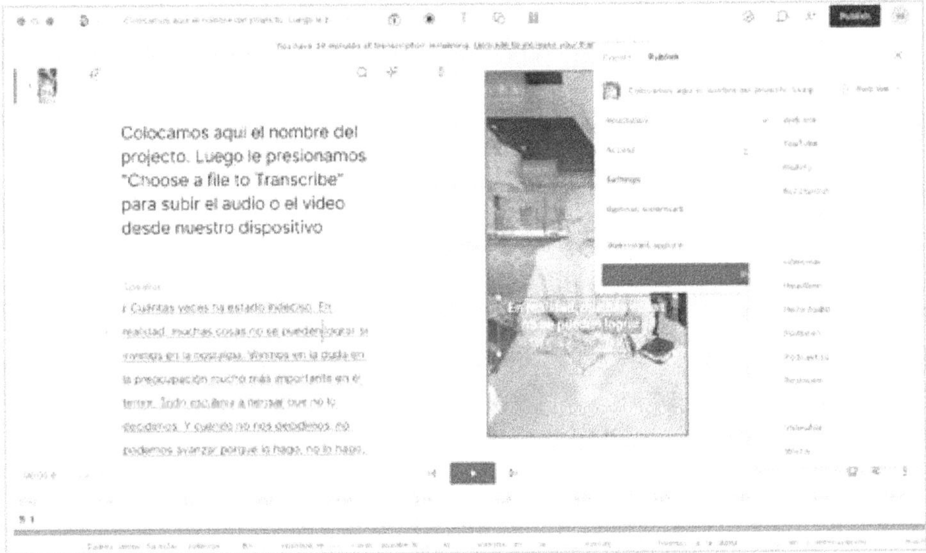

Edición y mejora de grabaciones de sermones y enseñanzas:

Descript.com puede ser una herramienta valiosa para los ministerios cristianos y las iglesias que deseen editar y mejorar las grabaciones de sermones, enseñanzas y otros eventos religiosos. Al utilizar Descript, pueden eliminar fácilmente las pausas, errores y secciones no deseadas de las grabaciones, creando contenido de audio y video más pulido y profesional para compartir con su congregación y en plataformas en línea.

Pasos prácticos:

1. Importa las grabaciones de audio o video de los sermones y enseñanzas a Descript.com.

2. Revisa la transcripción generada automáticamente y corrige cualquier error de transcripción.

3. Utiliza la edición basada en texto para eliminar pausas, errores o secciones no deseadas de la grabación, simplemente eliminando o editando el texto correspondiente.

4. Añade subtítulos, imágenes o efectos de sonido según sea necesario para mejorar la presentación del contenido.

5. Exporta y comparte las grabaciones editadas en plataformas en línea, redes sociales o en la página web de la iglesia.

Facilitar la colaboración y la producción de contenido multimedia en la iglesia:

Descript.com puede utilizarse para facilitar la colaboración y la producción de contenido multimedia entre los miembros de la iglesia y los equipos de ministerio. Al permitir que varias personas trabajen en tiempo real en un mismo proyecto, los equipos de la iglesia pueden compartir ideas, proporcionar comentarios y contribuir a la creación de contenido de audio y video de alta calidad para su uso en la iglesia y en las plataformas en línea.

Pasos prácticos:

1. Crea un proyecto en Descript.com e importa las grabaciones de audio o video que deseas editar y mejorar.

2. Invita a los miembros del equipo de la iglesia o del ministerio a colaborar en el proyecto, proporcionándoles acceso al archivo de Descript.

3. Utiliza las herramientas de colaboración en tiempo real para compartir ideas, discutir cambios y proporcionar comentarios sobre el contenido del proyecto.

4. Asigna tareas específicas a los miembros del equipo, como editar la transcripción, cortar secciones no deseadas o agregar elementos visuales o de sonido.

5. Revisa y aprueba los cambios realizados por los colaboradores y exporta el contenido finalizado para su uso en la iglesia o para compartir en plataformas en línea.

Conclusión:

Descript.com es una herramienta de edición de audio y video revolucionaria que ofrece una nueva forma de trabajar con contenido multimedia. Su capacidad para transcribir automáticamente grabaciones y permitir la edición basada en texto agiliza y simplifica el proceso de edición, lo que la convierte en una excelente opción para creadores de contenido, podcasters y profesionales del marketing. Además, sus características de colaboración y sincronización de audio y texto facilitan el trabajo en equipo y la navegación por el contenido. En resumen, Descript.com es una herramienta valiosa y eficiente que merece la pena probar para aquellos que buscan una solución integral y fácil de usar para la edición de audio y video.

LA LLAVE CLAVE #18
SOUNDRAW:
Plataforma de Composición Musical Impulsada por IA
Revisión detallada y guía paso a paso

Introducción:

Soundraw es una innovadora plataforma de composición musical basada en inteligencia artificial que permite a los usuarios crear música original de manera rápida y sencilla. Esta herramienta es ideal para creadores de contenido, músicos, productores y cualquier persona interesada en la creación de música personalizada. En esta revisión, analizaremos a fondo el demo de Soundraw y proporcionaremos una guía paso a paso sobre cómo utilizarlo de manera efectiva.

Soundraw cuenta con una interfaz de usuario intuitiva y fácil de usar que permite a los usuarios acceder a las potentes funciones de la herramienta con solo unos pocos clics. La plataforma ofrece una experiencia de composición fluida y agradable, lo que la convierte en una excelente opción para usuarios con diferentes niveles de experiencia en tecnología y música.

Características:

Soundraw ofrece una serie de características que facilitan la creación de música original:

1. Composición impulsada por IA: La herramienta utiliza algoritmos avanzados de aprendizaje automático para generar música basada en las preferencias e instrucciones del usuario.

2. Amplia variedad de géneros y estilos: Soundraw es capaz de generar música en una amplia gama de géneros y estilos, lo que permite a los usuarios experimentar y encontrar el sonido perfecto para sus proyectos.

3. Personalización y control: Los usuarios pueden ajustar diversos parámetros, como la duración, el tempo y la instrumentación, para adaptar la música a sus necesidades específicas.

4. Exportación e integración: La plataforma permite exportar fácilmente las composiciones en varios formatos de audio y compartirlas en plataformas populares como YouTube, SoundCloud y redes sociales.

Cómo utilizar Soundraw:

Para comenzar a utilizar Soundraw, sigue estos sencillos pasos:

1. Visita el sitio web de Soundraw y crea una cuenta gratuita o de pago, según tus necesidades. https://soundraw.io/

2. Inicia sesión en la plataforma y accede al área de composición de Soundraw.

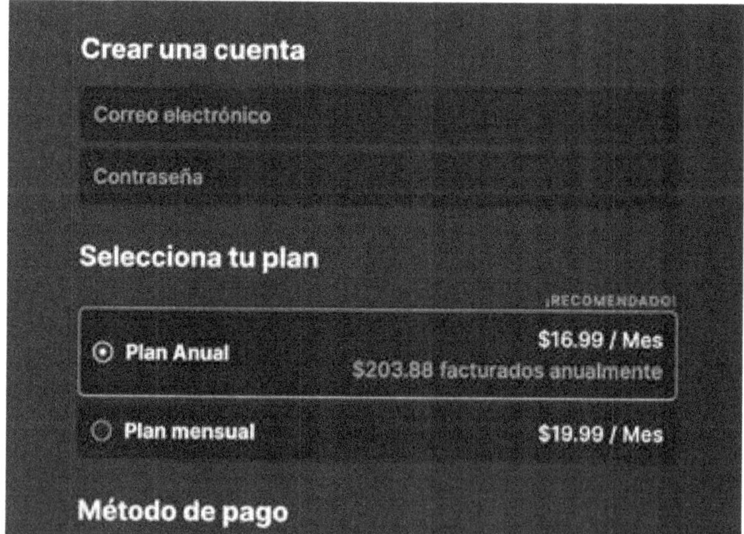

3. Selecciona el género y estilo de música que deseas generar. También puedes ajustar los parámetros, como la duración, el tempo y la instrumentación, según tus preferencias.

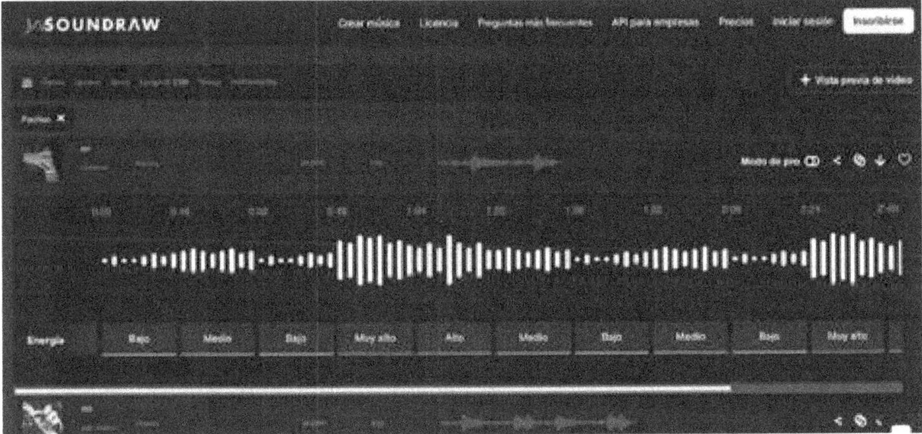

4. Haz clic en el botón "Generar" para que Soundraw cree una composición musical basada en tus instrucciones y preferencias.

5. Escucha la música generada y decide si deseas ajustar algún parámetro o generar una nueva composición.

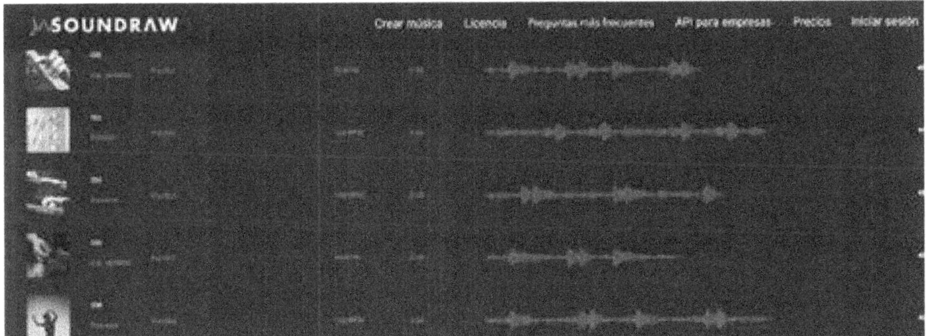

6. Una vez que estés satisfecho con la música creada, descárgala en el formato de audio deseado.

7. Comparte tus composiciones en las plataformas de tu elección, como YouTube, SoundCloud o redes sociales.

Sugerencias para tu ministerio:

Creación de música original para eventos y actividades de la iglesia:

Soundraw puede ser de gran utilidad para los músicos cristianos y los equipos de adoración de las iglesias al facilitar la creación de música original para eventos y actividades religiosas, como servicios de adoración, campañas evangelísticas, retiros y grupos de estudio bíblico. Por ejemplo, un músico cristiano o un líder de adoración puede utilizar Soundraw para componer una nueva canción de alabanza o un fondo musical para un sermón o una presentación especial.

Pasos prácticos:

1. Ingresa a Soundraw y selecciona un género y estilo de música apropiado para el evento o actividad de la iglesia, como música de adoración, góspel o contemporánea.

2. Ajusta los parámetros de duración, tempo e instrumentación para que la composición se adapte al tono y ambiente deseados.

3. Genera la composición musical y personalízala según sea necesario.

4. Descarga la música y úsala durante el evento o actividad de la iglesia, ya sea como una canción independiente, como acompañamiento para el canto congregacional o como fondo musical para sermones y presentaciones.

Fomentar la creatividad y la participación de los miembros de la iglesia:

Soundraw puede utilizarse como una herramienta para fomentar la creatividad y la participación de los miembros de la iglesia en la música y la adoración. Los equipos de adoración pueden organizar talleres o actividades de composición musical en grupo, en los que los participantes utilicen Soundraw para generar ideas musicales y luego colaboren en la creación de nuevas canciones y arreglos.

Pasos prácticos:

1. Organiza un taller o actividad de composición musical en tu iglesia e invita a los miembros interesados en participar.

2. Proporciona una breve introducción sobre cómo utilizar Soundraw y explica cómo sus características pueden ayudar a los participantes a generar ideas musicales y crear composiciones originales.

3. Divide a los participantes en grupos y asigna a cada grupo una tarea específica, como componer una nueva canción de alabanza, un arreglo instrumental para un himno tradicional o un fondo musical para una lectura bíblica.

4. Anima a los grupos a utilizar Soundraw para explorar diferentes géneros, estilos y parámetros musicales, y a colaborar en la creación de sus composiciones.

5. Al final del taller o actividad, invita a cada grupo a presentar y compartir sus composiciones musicales con el resto de los participantes y, si es apropiado, considera incorporar algunas de las creaciones en futuros servicios de adoración o eventos de la iglesia.

Conclusión:

Soundraw es una herramienta de composición musical impulsada por inteligencia artificial que ofrece una solución rápida y fácil para la creación de música original. Sus características de personalización y control, junto con su capacidad para generar música en una amplia variedad de géneros y estilos, hacen de Soundraw una opción ideal para creadores de contenido, músicos y productores que buscan una manera eficiente de componer música personalizada. En resumen, Soundraw es una plataforma valiosa y versátil que merece la pena probar para aquellos que deseen explorar nuevas posibilidades en la creación musical y generar composiciones únicas de manera rápida y sencilla. Ya sea que seas un músico experimentado o un creador de contenido en busca de la banda sonora perfecta para tu proyecto, Soundraw ofrece una solución accesible y eficiente para satisfacer tus necesidades musicales.

LA LLAVE CLAVE #19
BIGVU: – teleprompter
Como usar el teleprompter & Demo
Revisión detallada y guía paso a paso

Introducción:

BIGVU – teleprompter es una herramienta fácil de usar y versátil que permite a los usuarios leer guiones de manera fluida y con confianza durante la grabación de videos o presentaciones en vivo. Diseñado para ser compatible con smartphones y tablets, este teleprompter es una solución perfecta para pastores, líderes cristianos y creadores de contenido en general que deseen mejorar la calidad y profesionalismo de sus presentaciones. A continuación, se ofrece una reseña detallada y una guía paso a paso sobre cómo usar BIGVU – teleprompter.

Características principales:

1. Compatibilidad con dispositivos: BIGVU – teleprompter es compatible con smartphones y tablets, lo que permite a los usuarios llevarlo fácilmente a cualquier lugar y utilizarlo en diversas situaciones.

2. Velocidad y tamaño del texto ajustables: Los usuarios pueden ajustar la velocidad de desplazamiento del texto y el tamaño de la fuente para adaptarse a sus necesidades y preferencias personales.

3. Modo espejo: BIGVU – teleprompter ofrece un modo espejo para aquellos que utilicen un dispositivo adicional, como un teleprompter de vidrio, para reflejar el texto.

4. Importación y exportación de guiones: Los usuarios pueden importar guiones desde archivos de texto, Google Drive, Dropbox o escribirlos directamente en la aplicación. Además, es posible exportar guiones para compartirlos con otros usuarios.

Cómo utilizar BIGVU – teleprompter:

1. Descarga e instala la aplicación BIGVU – teleprompter en tu smartphone o tablet.

2. Abre la aplicación y crea una cuenta para acceder a todas las funciones disponibles.

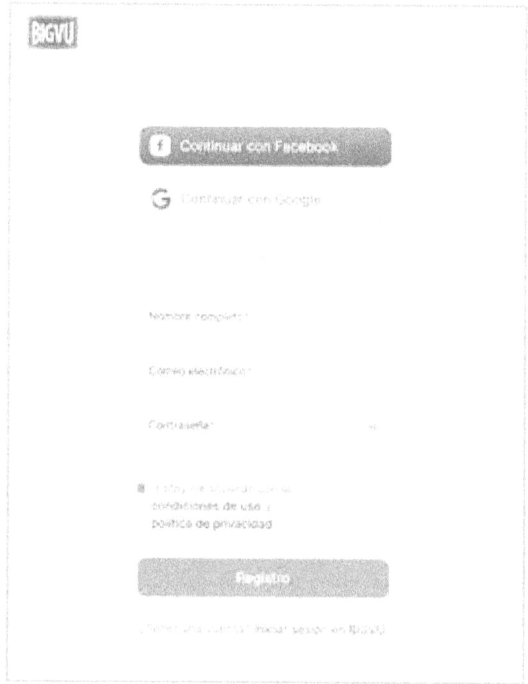

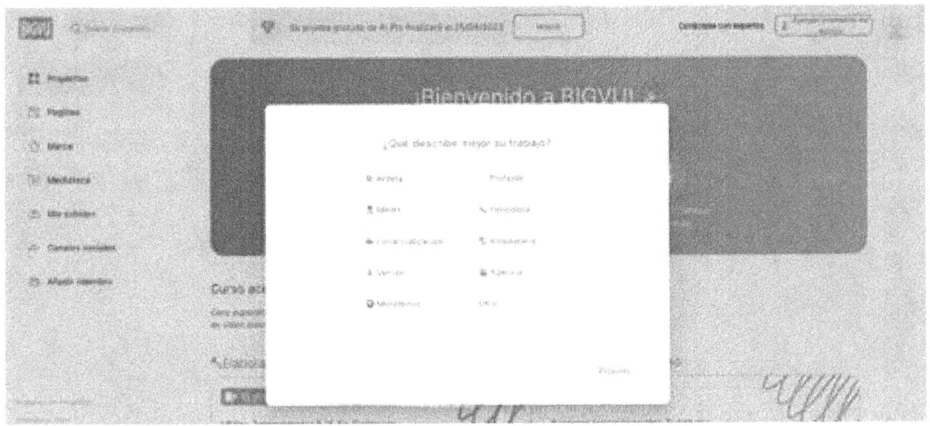

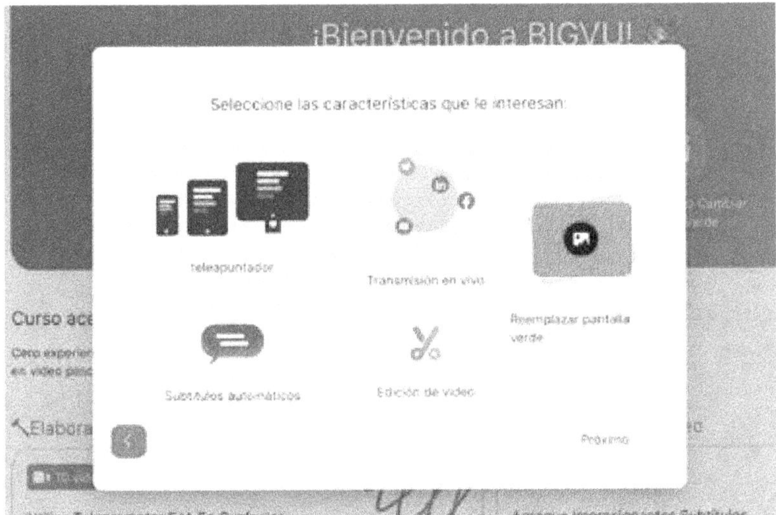
Seleccione las características que le interesan:
teleapuntador
Transmisión en vivo
Reemplazar pantalla verde
Subtítulos automáticos
Edición de video
Próximo

¿Qué tipo de videos sociales planeas hacer?
Facebook
Instagram
Gorjeo
YouTube
LinkedIn
Tik Tok
Instagram cuentos
Pinterest
Próximo

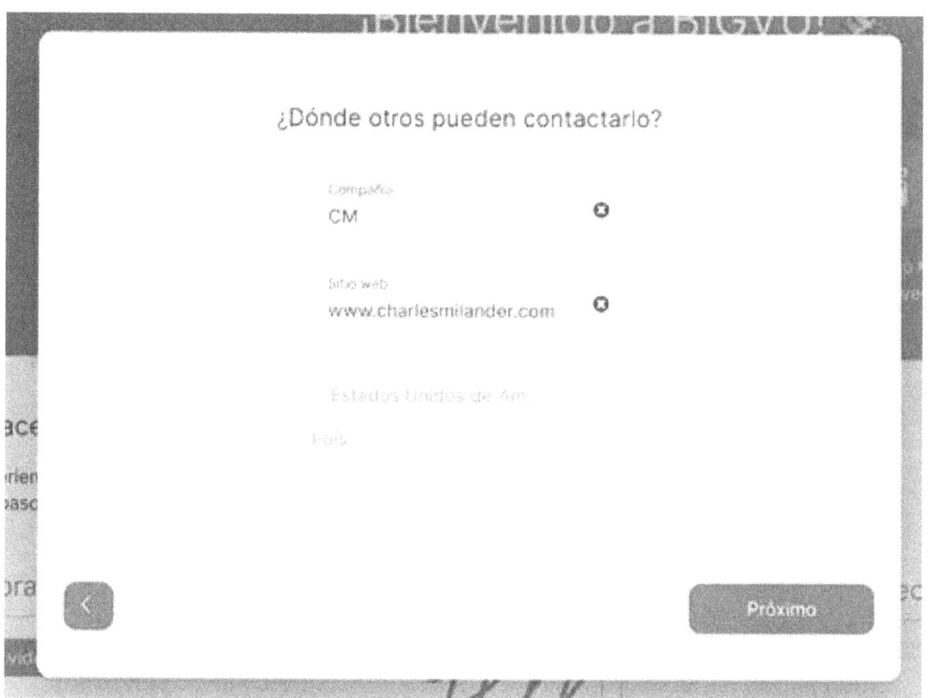
¿Dónde otros pueden contactarlo?
Compañía
CM
Sitio web
www.charlesmilander.com
Estados Unidos de Am...
País
Próximo

Disfrute de una prueba de 7 días
El 25 de abril se le cambiará al plan gratuito
De acuerdo

3. Importa tu guion desde un archivo de texto, Google Drive o Dropbox, o escribe el guion directamente en la aplicación.

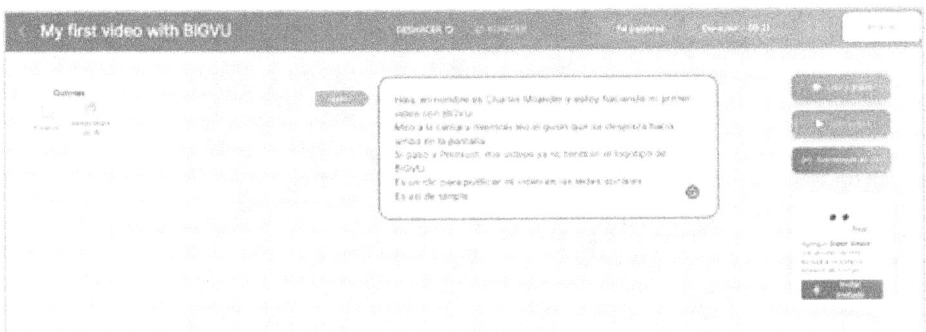

4. Ajusta la velocidad de desplazamiento y el tamaño de la fuente según tus preferencias.

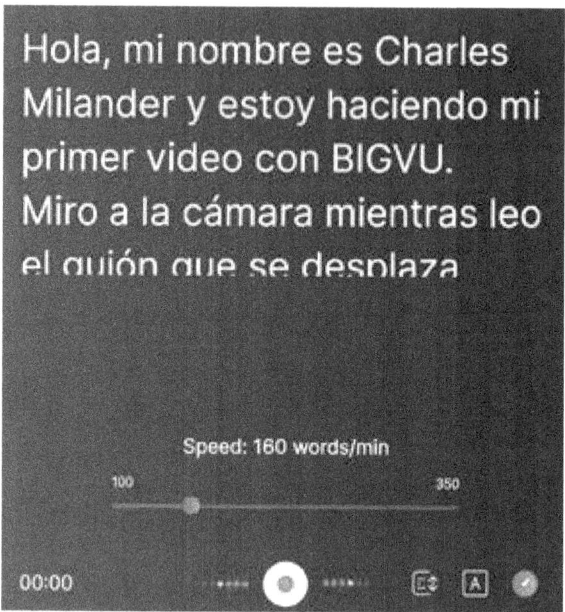

5. Si vas a utilizar un teleprompter de vidrio, activa el modo espejo en la configuración de la aplicación.

6. Coloca tu dispositivo en el soporte del teleprompter y asegúrate de que esté bien sujeto. Si lo haces desde el computador podrás hacerlo con la cámara y microfono del computador.

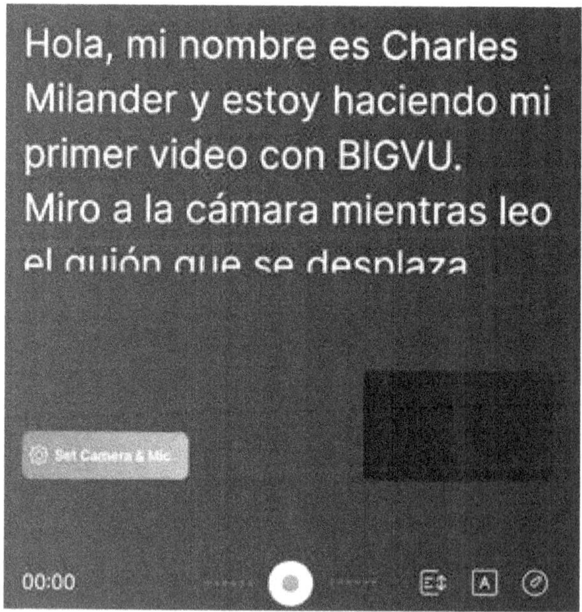

7. Comienza la grabación de tu video o presentación en vivo mientras lees el texto que se desplaza en el teleprompter.

8. Algo muy importante si quieres ayuda con re-escribir el guion te muestro esta parte para que lo puedas hacer con Inteligencia Artificial.

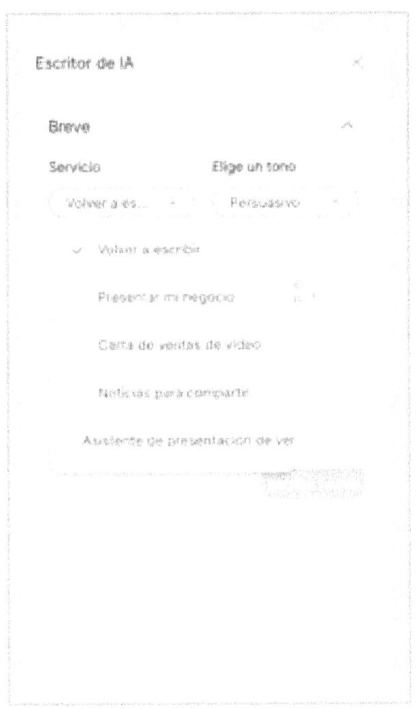

Sugerencias para tu ministerio:

Mejora de la calidad y fluidez en la presentación de sermones y enseñanzas:

BIGVU – teleprompter puede ser una herramienta valiosa para pastores y líderes cristianos que buscan mejorar la calidad y fluidez en la presentación de sus sermones y enseñanzas. Utilizar un teleprompter asegura que el mensaje se entregue de manera clara, evitando pausas innecesarias y distracciones causadas por olvidar partes del guion.

Pasos prácticos:

1. Escribe el guion del sermón o enseñanza en la aplicación BIGVU – teleprompter.

2. Ajusta la velocidad de desplazamiento y el tamaño de la fuente según tus preferencias.

3. Durante la presentación del sermón o enseñanza, sigue el texto en el teleprompter para mantener un flujo constante y coherente en tu discurso.

4. Practica con el teleprompter antes de presentar en vivo para familiarizarte con el ritmo y la velocidad de desplazamiento.

Creación de videos de alta calidad para las redes sociales y plataformas en línea de la iglesia:

Las iglesias y ministerios cristianos pueden beneficiarse de BIGVU – teleprompter al crear videos de alta calidad para sus redes sociales y plataformas en línea. Ya sea para anunciar eventos, compartir reflexiones bíblicas o proporcionar actualizaciones de la iglesia, el teleprompter ayuda a que los videos sean más profesionales y atractivos.

Pasos prácticos:

1. Prepara el guion del video que deseas grabar para la iglesia o el ministerio.

2. Configura el teleprompter con el guion y ajusta la velocidad de desplazamiento y el tamaño de la fuente.

3. Graba el video siguiendo el texto en el teleprompter para asegurar una presentación fluida y coherente.

4. Edita y comparte el video en las redes sociales y plataformas en línea de la iglesia para mantener a la comunidad informada y comprometida.

Capacitación y desarrollo de habilidades de presentación para líderes y voluntarios de la iglesia:

Los líderes y voluntarios de la iglesia pueden utilizar BIGVU – teleprompter para mejorar sus habilidades de presentación y comunicación. Al practicar con el teleprompter, los líderes y voluntarios podrán ganar confianza en sus habilidades y entregar mensajes más efectivos a la comunidad.

Pasos prácticos:

1. Organiza sesiones de capacitación para líderes y voluntarios de la iglesia en las que puedan practicar con el teleprompter.

2. Proporciona guiones y temas para que los participantes practiquen con el teleprompter durante las sesiones de capacitación.

3. Ofrece retroalimentación y sugerencias para mejorar la fluidez, el contacto visual y la claridad en la presentación.

4. Fomenta el uso del teleprompter en eventos y actividades de la iglesia para ayudar a los líderes y voluntarios a aplicar las habilidades aprendidas y comunicarse de manera más efectiva con la comunidad.

Conclusión: BIGVU – teleprompter

BIGVU – teleprompter es una herramienta esencial para mejorar la calidad de las presentaciones y videos, especialmente para pastores y líderes cristianos que buscan entregar sus mensajes de manera clara y profesional. Gracias a su facilidad de uso y compatibilidad con diversos dispositivos, BIGVU – teleprompter se convierte en un recurso valioso para todos aquellos que deseen mejorar sus habilidades de comunicación y presentación.

LA LLAVE CLAVE #20

BEAUTIFUL.AI:
Diseño de Diapositivas con Plantillas
Revisión detallada y guía paso a paso

Introducción:

Beautiful.ai es una plataforma en línea de diseño de presentaciones que busca facilitar la creación de diapositivas atractivas y profesionales. Con una amplia variedad de plantillas y herramientas de diseño inteligente, Beautiful.ai permite a los usuarios, incluidos líderes de iglesias y ministerios cristianos, crear presentaciones impactantes sin necesidad de habilidades avanzadas en diseño gráfico. A continuación, se presenta una reseña detallada y una guía paso a paso sobre cómo usar Beautiful.ai & Demo.

Características principales:

1. Plantillas inteligentes: Beautiful.ai ofrece una amplia variedad de plantillas prediseñadas que se ajustan automáticamente al contenido que agregas, lo que facilita la creación de diapositivas atractivas y coherentes.

2. Biblioteca de iconos e imágenes: Los usuarios pueden acceder a una gran biblioteca de iconos e imágenes de alta calidad para enriquecer sus presentaciones.

3. Colaboración en tiempo real: Beautiful.ai permite la colaboración en tiempo real, lo que facilita el trabajo en equipo y la edición conjunta de presentaciones.

4. Integración con otras aplicaciones: La plataforma se integra con aplicaciones populares como Slack, Google Drive y Microsoft Teams para mejorar la productividad y la comunicación en el trabajo.

5. Exportación y compatibilidad: Beautiful.ai permite exportar las presentaciones en diferentes formatos, como PDF o PowerPoint, y es compatible con dispositivos móviles y de escritorio.

Cómo utilizar Beautiful.ai:

1. Accede a la plataforma Beautiful.ai y crea una cuenta para comenzar a usar sus funciones.

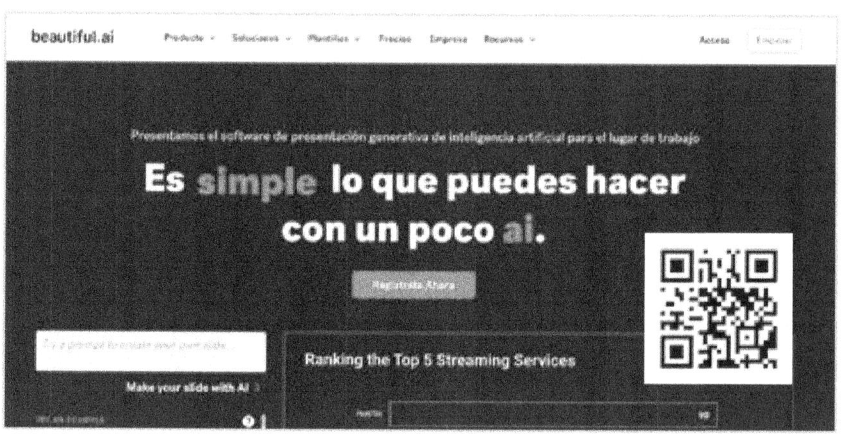

Es importante que confirmes tu correo electrónico.

Es esta parte te piden un poco más de información para crear un perfil según tus necesidades.

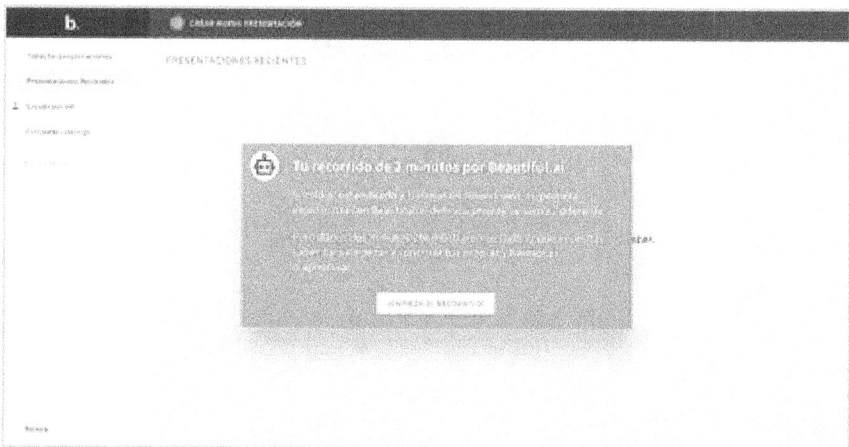

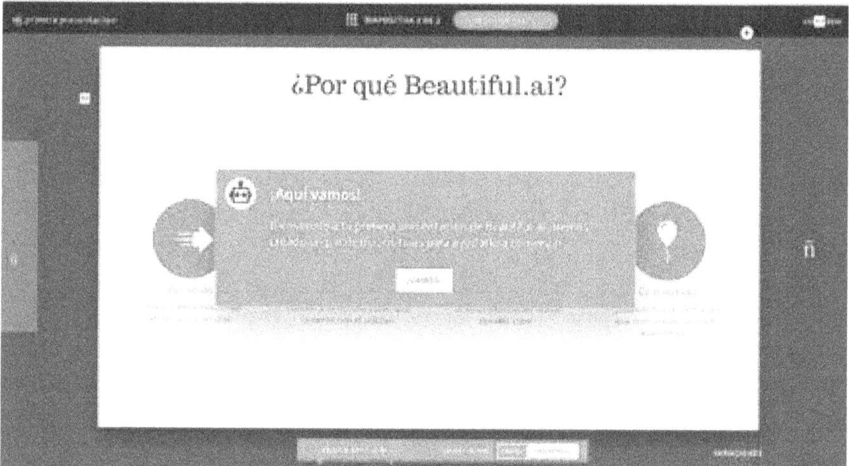

2. Selecciona una plantilla que se adapte a tus necesidades y al estilo de la presentación que deseas crear.

3. Personaliza la plantilla agregando texto, imágenes, iconos y otros elementos gráficos utilizando las herramientas de diseño inteligente disponibles en la plataforma.

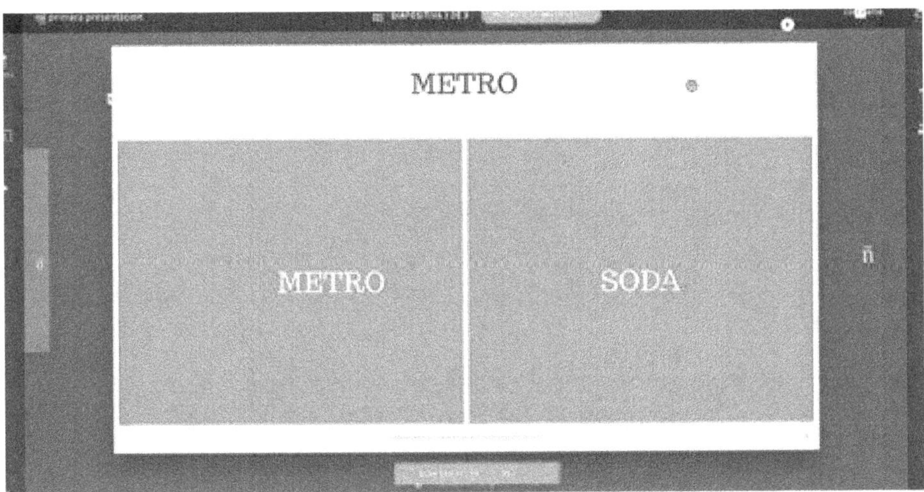

4. Utiliza las opciones de diseño y estilo para ajustar el aspecto de tus diapositivas, como cambiar la tipografía, el esquema de colores y el diseño.

5. Invita a otros miembros del equipo a colaborar en la presentación, permitiendo la edición y revisión en tiempo real.

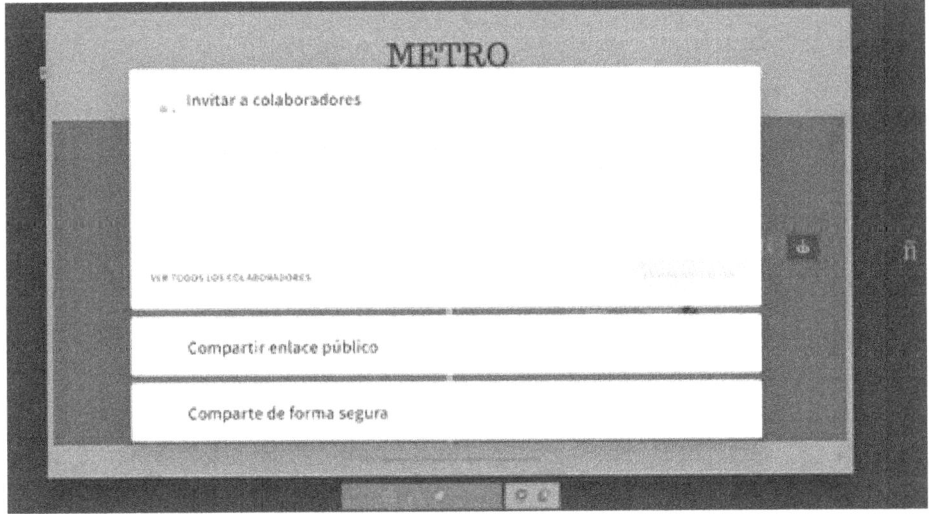

6. Exporta la presentación en el formato deseado (PDF, PowerPoint, etc.) y compártela con tu audiencia.

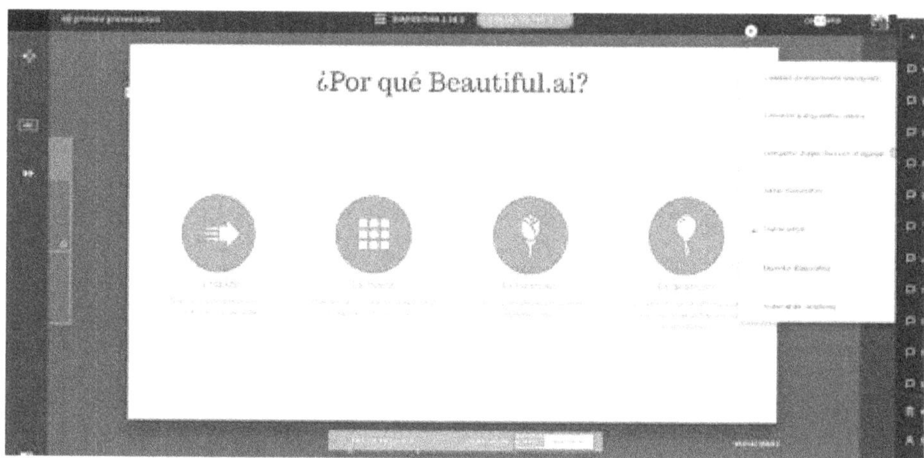

Sugerencias para tu ministerio:

Creación de presentaciones atractivas para sermones y estudios bíblicos:

Beautiful.ai puede ser una herramienta valiosa para líderes de iglesias y ministerios cristianos que buscan crear presentaciones atractivas y profesionales para sus sermones, estudios bíblicos y eventos de la iglesia. Las plantillas inteligentes y la biblioteca de imágenes facilitan la creación de diapositivas que complementen y refuercen el mensaje que se desea transmitir.

Pasos prácticos:

1. Selecciona una plantilla adecuada para el sermón o estudio bíblico en Beautiful.ai.

2. Personaliza la plantilla agregando versículos bíblicos, citas, imágenes y gráficos relevantes.

3. Utiliza las opciones de diseño y estilo para garantizar que las diapositivas sean visualmente atractivas y coherentes.

4. Exporta la presentación en el formato deseado y utilízala durante la presentación en la iglesia o evento.

Capacitación y desarrollo de líderes y voluntarios de la iglesia:

Beautiful.ai puede ser útil para capacitar y desarrollar habilidades de presentación en líderes y voluntarios de la iglesia. Al familiarizarse con las herramientas y plantillas de la plataforma, podrán crear presentaciones más atractivas y efectivas para compartir sus mensajes y enseñanzas.

Pasos prácticos:

1. Organiza talleres de capacitación en diseño de presentaciones utilizando Beautiful.ai para líderes y voluntarios de la iglesia.

2. Proporciona ejercicios prácticos y ejemplos de presentaciones para que los participantes exploren las funciones y herramientas de la plataforma.

3. Ofrece retroalimentación y sugerencias para mejorar la calidad y efectividad de las presentaciones creadas por los participantes.

4. Fomenta el uso de Beautiful.ai en actividades y eventos de la iglesia para aplicar las habilidades aprendidas y mejorar la comunicación con la comunidad.

Colaboración en la creación de presentaciones para eventos y actividades de la iglesia:

La capacidad de colaboración en tiempo real de Beautiful.ai facilita el trabajo en equipo en la creación de presentaciones para eventos y actividades de la iglesia. Los miembros del equipo pueden editar y revisar las diapositivas juntos, asegurando que todos los detalles estén en su lugar y se ajusten a las necesidades del evento.

Pasos prácticos:

1. Crea un proyecto de presentación en Beautiful.ai e invita a los miembros del equipo a colaborar en la plataforma.

2. Asigna tareas y responsabilidades específicas a cada miembro del equipo, como agregar contenido, imágenes o revisar la presentación.

3. Utiliza la función de comentarios y discusiones en tiempo real para comunicarse con el equipo y coordinar las actualizaciones y revisiones de la presentación.

4. Una vez que la presentación esté completa, exporta y comparte con los miembros del equipo para su uso durante el evento o actividad de la iglesia.

Conclusión:

Beautiful.ai es una herramienta innovadora y fácil de usar para crear presentaciones de alta calidad sin necesidad de habilidades avanzadas en diseño gráfico. Con sus plantillas inteligentes, biblioteca de recursos visuales y capacidad de colaboración en tiempo real, Beautiful.ai es una solución ideal para líderes de iglesias y ministerios cristianos que buscan transmitir sus mensajes de manera impactante y atractiva. Al seguir esta guía paso a paso, podrás aprovechar al máximo las funciones y beneficios que ofrece Beautiful.ai para mejorar tus presentaciones.

LA LLAVE CLAVE #21

VIDYO.AI:
Crea Clips Cortos Apartir de Largos Videos
Revisión detallada y guía paso a paso

Introducción:

App.Vidyo.ai es una plataforma en línea que permite a los usuarios crear fácilmente clips cortos y listos para compartir en redes sociales a partir de videos largos. Con una interfaz intuitiva y herramientas de edición sencillas, App.Vidyo.ai es ideal para iglesias y ministerios cristianos que buscan compartir extractos significativos de sus eventos, sermones y actividades en las redes sociales. A continuación, se presenta una reseña detallada y una guía paso a paso sobre cómo usar App.Vidyo.ai & Demo.

Características principales:

1. Herramientas de edición simplificadas: App.Vidyo.ai ofrece herramientas de edición fáciles de usar que permiten a los usuarios recortar y editar sus videos largos de manera eficiente.

2. Compatibilidad con diferentes formatos de video: La plataforma es compatible con una amplia variedad de formatos de video, lo que facilita la importación y exportación de archivos.

3. Plantillas y efectos: Los usuarios pueden personalizar sus clips utilizando plantillas prediseñadas y aplicar efectos para mejorar la apariencia y el impacto de los videos.

4. Exportación rápida y compartición en redes sociales: App.Vidyo. ai permite exportar los clips cortos rápidamente y compartirlos directamente en las redes sociales desde la plataforma.

Cómo utilizar Vidyo.ai:

1. Accede a la plataforma App.Vidyo.ai y crea una cuenta para comenzar a utilizar sus funciones. https://app.vidyo.ai/home

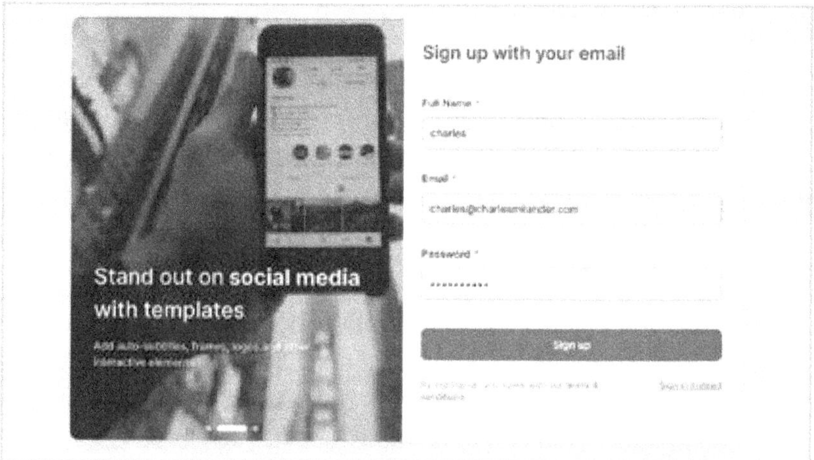

Una vez registrado puedes pasar a la parte de colocar tu correo y clave para acceder a la plataforma.

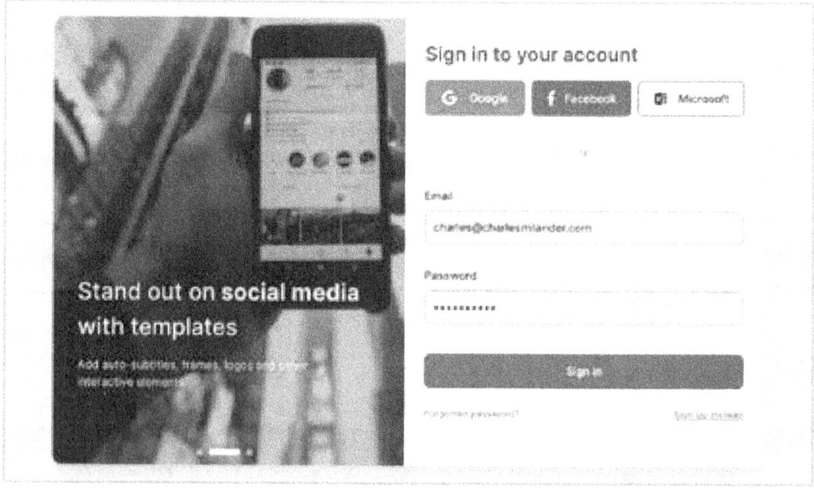

2. Importa el video largo que deseas convertir en un clip corto utilizando la opción de carga de archivos.

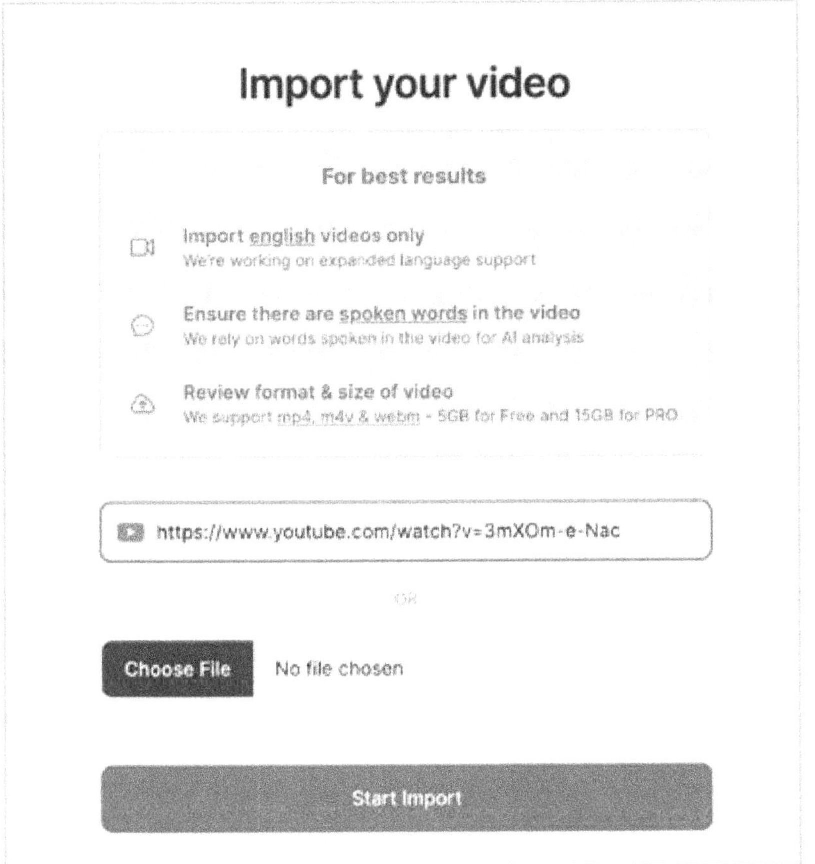

Una vez colocas el enlace de Youtube del video que quieres trabajar solo debes de esperar y listo. La plataforma te envía a la siguiente pantalla para que puedas escoger cual formato quiere para el video.

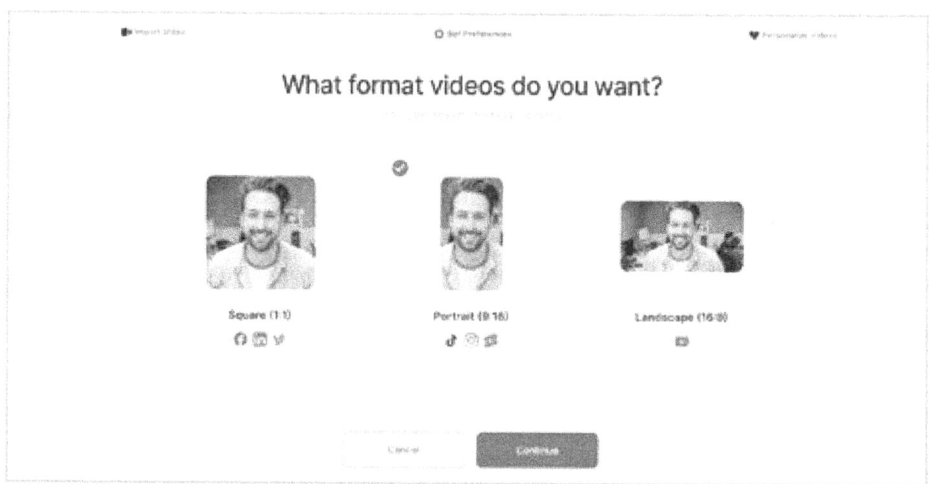

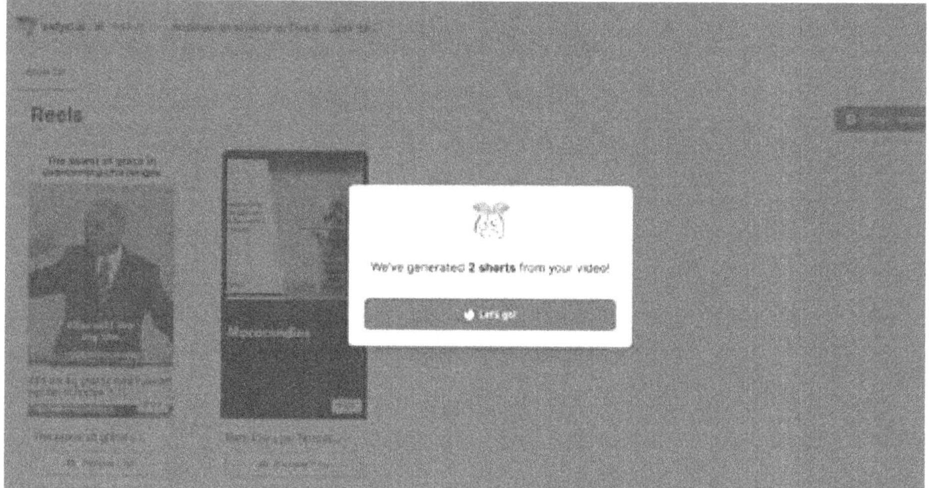

3. Utiliza las herramientas de edición disponibles para seleccionar y recortar la parte del video que deseas convertir en un clip corto.

4. Personaliza el clip aplicando plantillas, efectos y ajustes según tus preferencias.

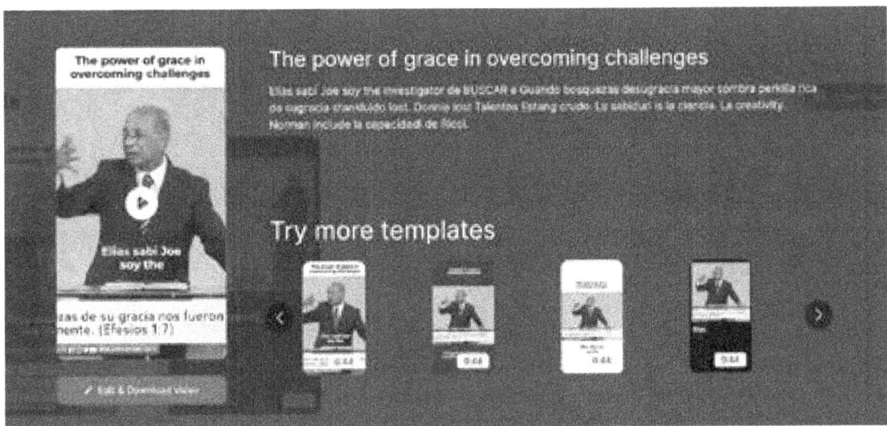

5. Previsualiza el clip corto y realiza ajustes adicionales si es necesario.

6. Exporta el clip corto en el formato y la calidad deseados.

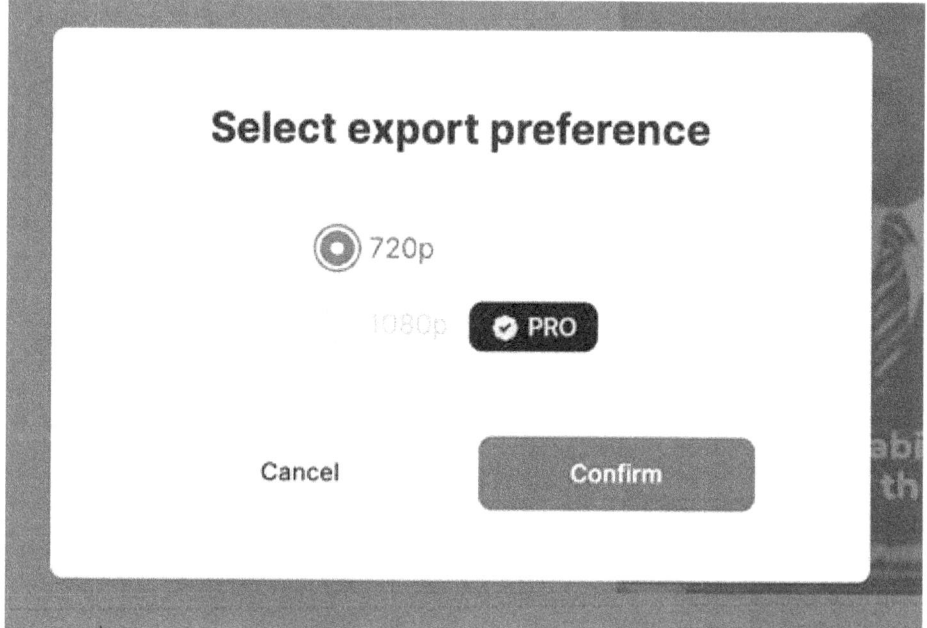

7. Comparte el clip directamente en las redes sociales desde la plataforma o descarga el archivo para compartirlo manualmente.

Sugerencias para tu ministerio:

Compartir momentos destacados de sermones y eventos en redes sociales:

App.Vidyo.ai permite a los ministerios cristianos y las iglesias seleccionar y compartir momentos significativos de sus sermones, estudios bíblicos y eventos en las redes sociales. Al publicar clips cortos y atractivos, pueden captar la atención de la audiencia y fomentar la interacción con la comunidad en línea.

Pasos prácticos:

1. Selecciona un momento clave o inspirador de un sermón, estudio bíblico o evento.

2. Utiliza App.Vidyo.ai para recortar y editar el clip, aplicando efectos y plantillas según sea necesario.

3. Comparte el clip en las redes sociales de la iglesia o ministerio, acompañado de un texto que invite a la reflexión o una pregunta para fomentar la interacción.

4. Monitorea y responde a los comentarios y mensajes en las publicaciones para mantener la comunicación con la comunidad.

Promocionar eventos y actividades futuras de la iglesia:

Los ministerios cristianos y las iglesias pueden utilizar App.Vidyo.ai para crear clips promocionales atractivos de sus próximos eventos y actividades, lo que animará a los miembros de la comunidad a participar y asistir.

Pasos prácticos:

1. Crea un video promocional con información sobre el evento o actividad futura.

2. Usa App.Vidyo.ai para editar y recortar el video, creando un clip corto y atractivo.

3. Comparte el clip en las redes sociales, junto con detalles sobre cómo inscribirse o asistir al evento.

4. Fomenta la participación de la comunidad alentando a los miembros a compartir el clip con sus amigos y seguidores.

Testimonios y experiencias personales:

App.Vidyo.ai puede ser una herramienta útil para compartir testimonios y experiencias personales de miembros de la iglesia y el ministerio. Al presentar clips cortos y emotivos de estas historias, se puede inspirar y motivar a otros miembros de la comunidad.

Pasos prácticos:

1. Recolecta testimonios y experiencias personales de miembros de la iglesia o ministerio, grabándolos en video.

2. Utiliza App.Vidyo.ai para recortar y editar los clips, destacando momentos impactantes o emotivos.

3. Comparte los clips en las redes sociales, acompañados de un mensaje de agradecimiento o una invitación a compartir experiencias similares.

4. Anima a los miembros de la comunidad a compartir sus propias historias y testimonios, fomentando la conexión y el apoyo mutuo.

Conclusión:

App.Vidyo.ai es una herramienta valiosa y fácil de usar para iglesias y ministerios cristianos que buscan compartir clips cortos de sus actividades y eventos en las redes sociales. Con una interfaz intuitiva y herramientas de edición simplificadas, App.Vidyo.ai permite a los usuarios crear y compartir clips impactantes y atractivos en poco tiempo. Siguiendo esta guía paso a paso, podrás aprovechar al máximo las funciones y beneficios que ofrece App.Vidyo.ai para mejorar la visibilidad y el alcance de tu mensaje en las redes sociales.

APLICACION ADICIONAL #1

SMARTWRITER.AI:
Redacción Asistida por Inteligencia Artificial
Revisión detallada y guía paso a paso

Introducción:

Smartwriter.ai es una plataforma en línea de redacción asistida por inteligencia artificial que permite a los usuarios crear contenido de alta calidad de manera eficiente y rápida. Esta herramienta es especialmente útil para iglesias y ministerios cristianos que buscan mejorar su comunicación escrita y llegar a un público más amplio. A continuación, se presenta una reseña detallada y una guía paso a paso sobre cómo usar Smartwriter.ai & Demo.

Características principales:

1. Generación de texto impulsada por inteligencia artificial: Smartwriter. ai utiliza algoritmos de inteligencia artificial para generar contenido de alta calidad de acuerdo con las necesidades y preferencias del usuario.

2. Plantillas y ejemplos predefinidos: La plataforma ofrece una amplia variedad de plantillas y ejemplos que facilitan la creación de diferentes tipos de contenido, como correos electrónicos, publicaciones en redes sociales y artículos de blog.

3. Personalización y edición: Smartwriter.ai permite a los usuarios personalizar y editar el contenido generado para adaptarlo a sus necesidades y estilo específicos.

4. Integraciones y exportaciones: La plataforma se integra con herramientas populares de gestión de contenido y permite exportar fácilmente el contenido en diferentes formatos.

Cómo utilizar Smartwriter.ai:

1. Accede a la plataforma Smartwriter.ai y crea una cuenta para comenzar a utilizar sus funciones. https://app.smartwriter.ai/sign-up

En la próxima imagen podrás ver una vez que entra a la plataforma un video de introducción para que puedas familiarizarte con el programa.

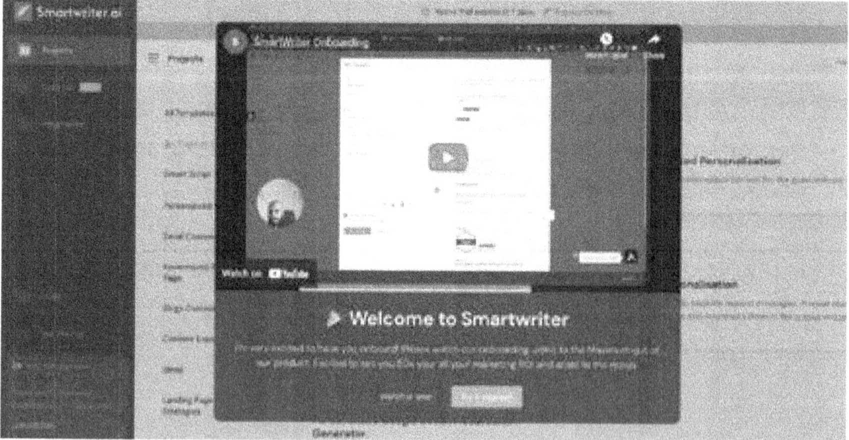

En la próxima imagen podemos ver todas las opciones que la plataforma nos muestra. En esta parte la opción que más uso es la de Guía Inteligente. Recuerda que si quieres ver todo el contenido en Español, dale Click derecho a tu Ratón o Mouse y selecciona en Google Chrome "Traducir en Español"

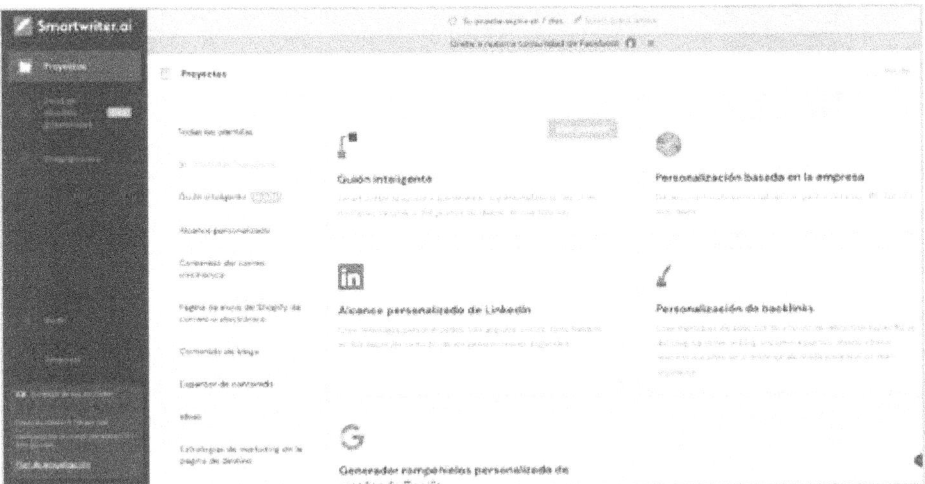

2. Selecciona el tipo de contenido que deseas crear a partir de las opciones disponibles, como correos electrónicos, publicaciones en redes sociales o artículos de blog.

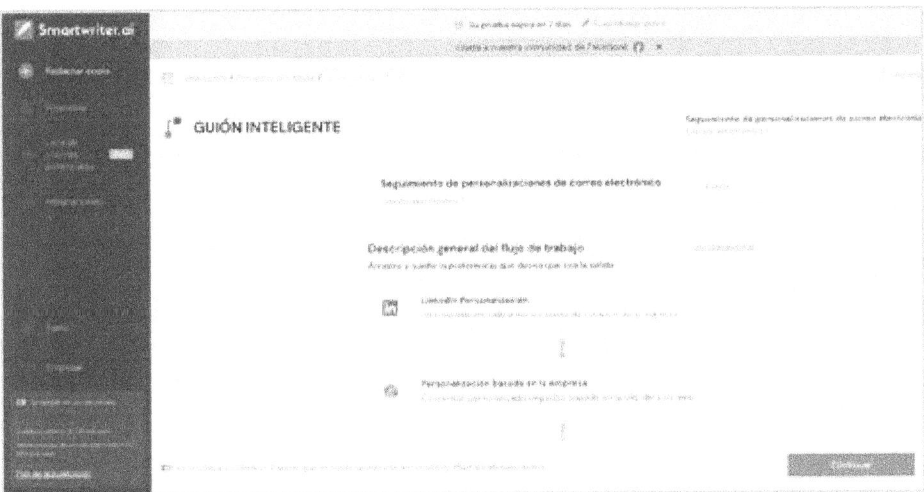

3. Proporciona información sobre el tema y el propósito del contenido utilizando las opciones y campos proporcionados.

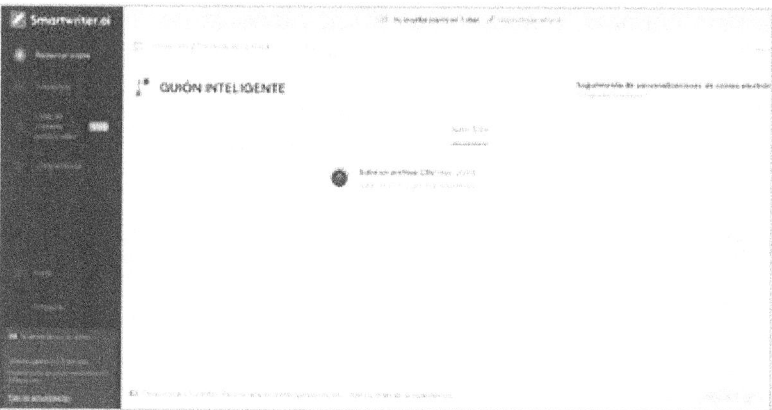

4. Utiliza las plantillas y ejemplos disponibles para generar contenido de manera rápida y eficiente.

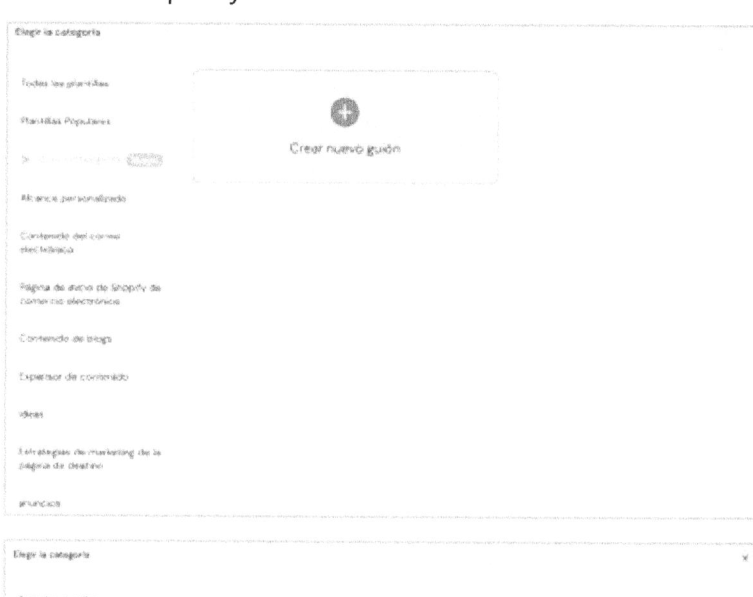

5. Personaliza y edita el contenido generado según tus necesidades y preferencias, ajustando el estilo, tono y formato según sea necesario.

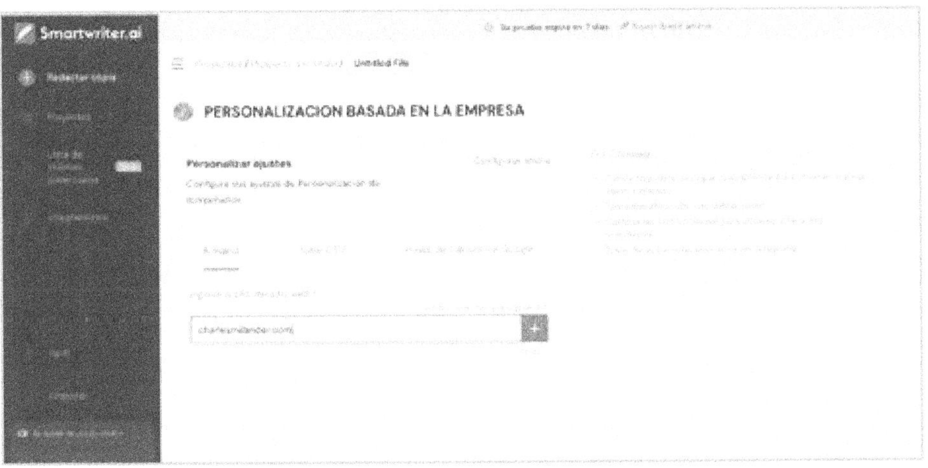

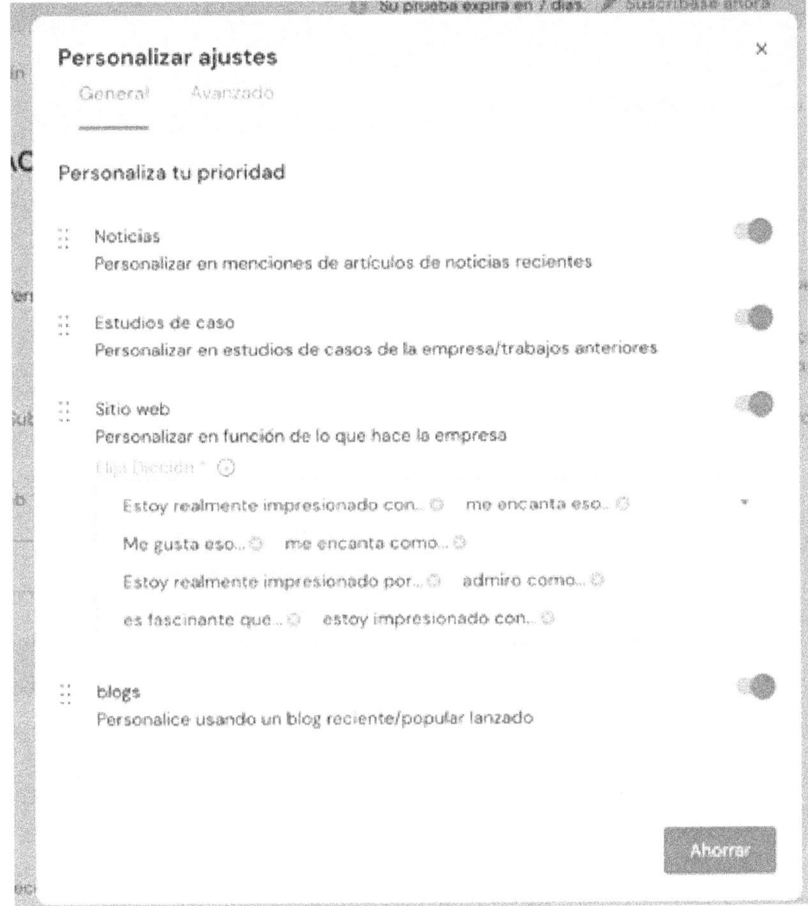

6. Exporta el contenido en el formato deseado y compártelo en la plataforma correspondiente, como correo electrónico, redes sociales o sitio web.

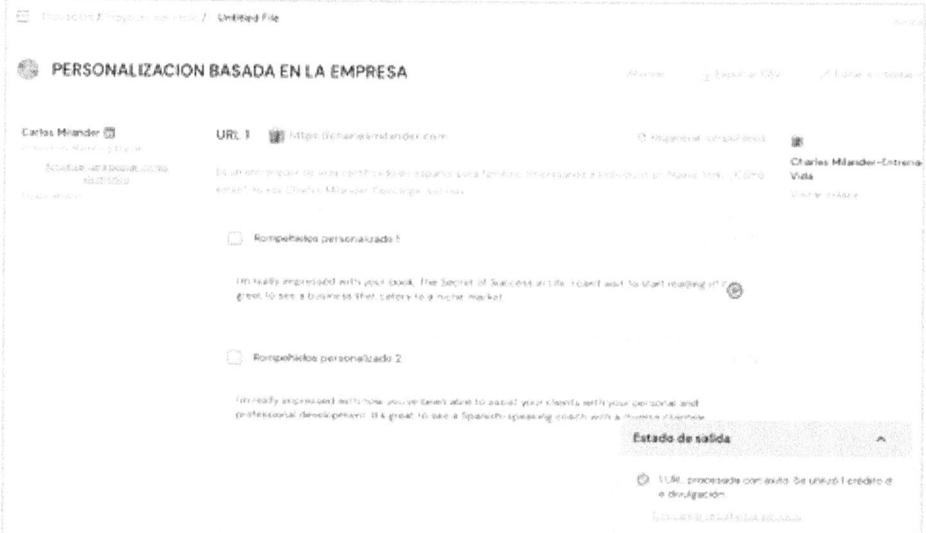

Sugerencias para tu ministerio:

Creación de boletines informativos y correos electrónicos para la comunidad:

Smartwriter.ai puede ser utilizado por ministerios cristianos e iglesias para redactar boletines informativos y correos electrónicos atractivos y bien escritos, que mantengan a los miembros de la comunidad informados y comprometidos con las actividades de la iglesia.

Pasos prácticos:

1. Utiliza las plantillas de correo electrónico de Smartwriter.ai para redactar boletines informativos o correos electrónicos sobre eventos, actividades y noticias relevantes.

2. Personaliza el contenido generado para adaptarlo al estilo y tono de la iglesia o ministerio.

3. Envía los correos electrónicos a los miembros de la comunidad utilizando una herramienta de correo masivo o a través de la plataforma de gestión de contenido.

4. Monitorea las respuestas y participación de los miembros para ajustar el contenido de futuros correos electrónicos y mejorar la comunicación.

Generación de contenido para redes sociales y blogs:

Las iglesias y ministerios cristianos pueden utilizar Smartwriter.ai para crear publicaciones atractivas y relevantes en redes sociales y artículos de blog que refuercen su mensaje y lleguen a un público más amplio.

Pasos prácticos:

1. Selecciona un tema o idea relacionada con la iglesia o ministerio para una publicación en redes sociales o un artículo de blog.

2. Utiliza las plantillas y ejemplos de Smartwriter.ai para generar el contenido de la publicación o artículo.

3. Personaliza y edita el contenido generado para asegurarte de que refleje el mensaje y los valores de la iglesia o ministerio.

4. Publica el contenido en las redes sociales y/o el blog de la iglesia o ministerio y promueve la interacción con la comunidad en línea.

Creación de materiales de estudio y guías de reflexión:

Smartwriter.ai puede ser utilizado por ministerios cristianos e iglesias para crear materiales de estudio, guías de reflexión y otros recursos escritos que ayuden a los miembros de la comunidad en su crecimiento espiritual y aprendizaje.

Pasos prácticos:

1. Identifica un tema o pasaje bíblico que deseas abordar en un material de estudio o guía de reflexión.

2. Utiliza las plantillas y ejemplos de Smartwriter.ai para generar contenido bien estructurado y relevante para el tema seleccionado.

3. Personaliza y edita el contenido generado para asegurarte de que esté alineado con las enseñanzas y valores de la iglesia o ministerio.

4. Comparte los materiales de estudio y guías de reflexión con los miembros de la comunidad a través de correo electrónico, redes sociales, sitios web.

Conclusión:

Smartwriter.ai es una herramienta valiosa para iglesias y ministerios cristianos que buscan mejorar la calidad y eficiencia de su comunicación escrita. Con la ayuda de la inteligencia artificial y una amplia variedad de plantillas y ejemplos, los usuarios pueden generar contenido relevante y atractivo en poco tiempo. Siguiendo esta guía paso a paso, podrás aprovechar al máximo las funciones y beneficios que ofrece Smartwriter. ai para mejorar la comunicación y el alcance de tu mensaje en diferentes plataformas.

APLICACION ADICIONAL #2

RESEMBLE.AI:
Sintetiza y Clona Voces Humanas
Revisión detallada y guía paso a paso

Introducción:

Resemble.ai es una plataforma en línea que utiliza inteligencia artificial para sintetizar y clonar voces humanas para crear grabaciones de audio realistas y personalizadas. Esta herramienta es especialmente útil para iglesias y ministerios cristianos que buscan mejorar la calidad de sus producciones de audio y llegar a un público más amplio. A continuación, se presenta una reseña detallada y una guía paso a paso sobre cómo usar Resemble.ai & Demo.

Características principales:

1. Síntesis de voz impulsada por inteligencia artificial: Resemble. ai utiliza algoritmos de inteligencia artificial para generar voces realistas y personalizadas basadas en grabaciones de audio de usuarios reales.

2. Biblioteca de voces y personalización: La plataforma ofrece una amplia variedad de voces predefinidas en diferentes idiomas y acentos, así como la capacidad de personalizar y ajustar la voz según las preferencias del usuario.

3. Edición de audio y control de emociones: Resemble.ai permite a los usuarios editar y ajustar el audio generado, incluyendo el control de la velocidad, el tono y las emociones transmitidas por la voz.

4. Integraciones y exportaciones: La plataforma se integra con herramientas populares de producción de audio y video y permite exportar fácilmente el audio generado en diferentes formatos.

Cómo utilizar Resemble.ai:

1. Accede a la plataforma Resemble.ai y crea una cuenta para comenzar a utilizar sus funciones. https://app.resemble.ai/

Luego que te registra te pasan a la parte que puedes acceder. Recuerda de confirmar tu correo para que puedas validar.

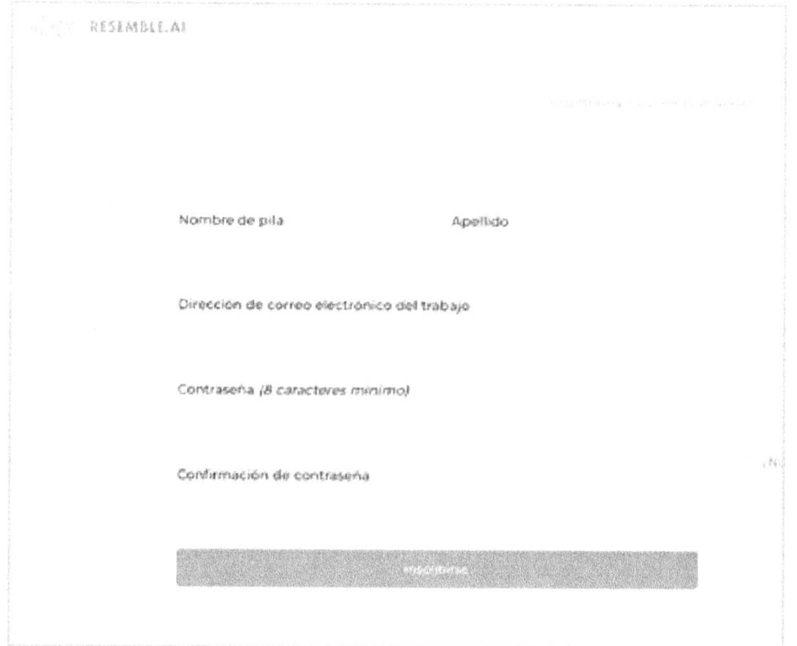

2. Selecciona una voz de la biblioteca disponible o crea una voz personalizada proporcionando grabaciones de audio de tu propia voz o de alguien más. Aquí creas el nuevo projecto.

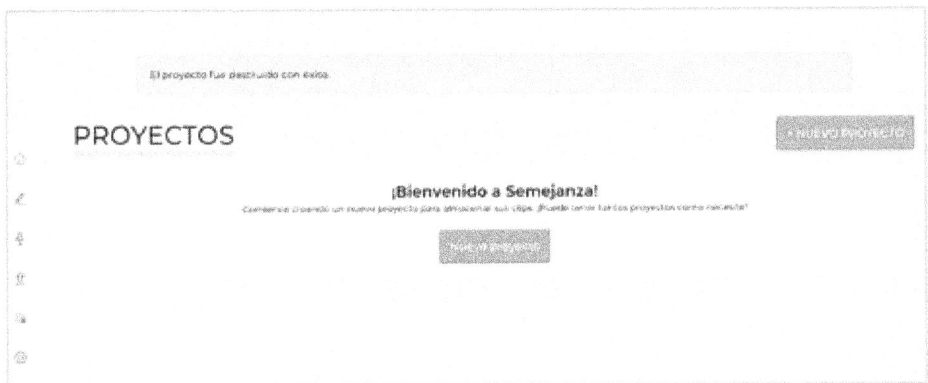

Una vez la picamos a la parte de CREAR entonces nos aparece la imagen de abajo para que podamos clonar la voz: https://app.resemble.ai/voices/new

3. Escribe el texto que deseas que la voz sintetizada lea y ajusta las preferencias de voz, como el tono, la velocidad y las emociones.

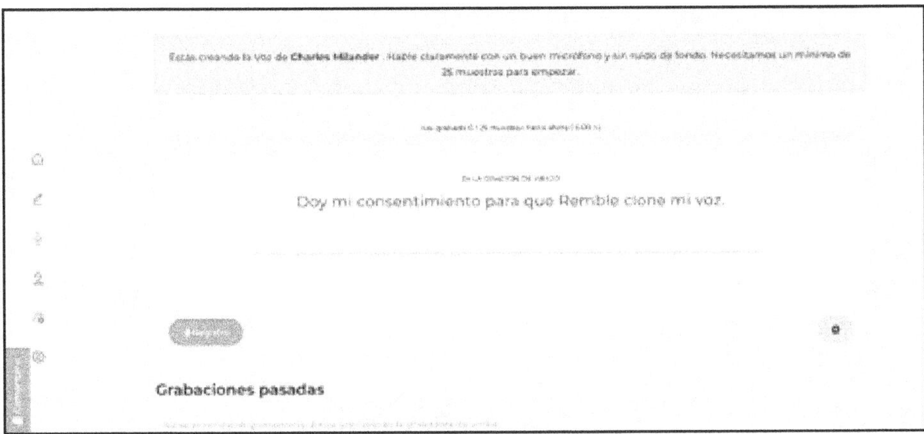

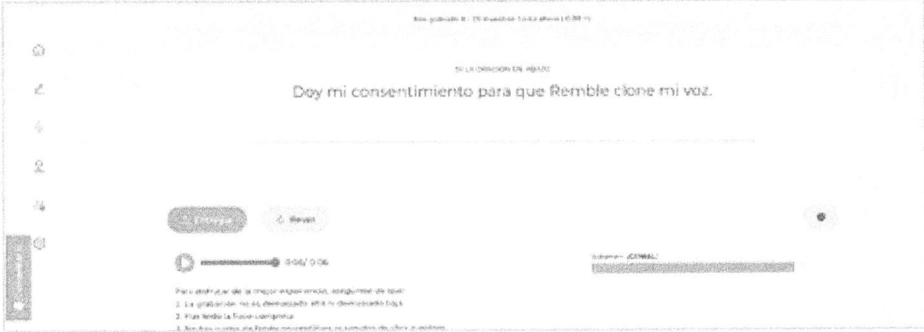

4. Utiliza las herramientas de edición disponibles para modificar y perfeccionar el audio generado según tus necesidades y preferencias.

5. Exporta el audio en el formato deseado y utilízalo en tus proyectos de producción de audio o video, como sermones, podcasts o videos promocionales.

Sugerencias para tu ministerio:

Producción de sermones y podcasts en línea:

Resemble.ai puede ser utilizado por ministerios cristianos e iglesias para crear sermones y podcasts de alta calidad con voces sintetizadas realistas. Esto permite a las iglesias y ministerios compartir sus mensajes y enseñanzas con un público más amplio en plataformas de audio en línea.

Pasos prácticos:

1. Prepara el guion del sermón o podcast que deseas grabar.

2. Selecciona o crea una voz personalizada en Resemble.ai que sea adecuada para la temática y el estilo de tu contenido.

3. Ingresa el guion en la plataforma y ajusta las preferencias de voz, como el tono, la velocidad y las emociones.

4. Exporta el audio generado y compártelo en plataformas de podcasts, redes sociales y sitios web de la iglesia o ministerio.

Creación de audiolibros y materiales de estudio:

Las iglesias y ministerios cristianos pueden utilizar Resemble.ai para crear audiolibros y materiales de estudio en audio con voces sintetizadas realistas que faciliten el aprendizaje y la comprensión de los miembros de la comunidad.

Pasos prácticos:

1. Prepara el texto del audiolibro o material de estudio que deseas convertir en audio.

2. Selecciona o crea una voz personalizada en Resemble.ai que sea clara, agradable y adecuada para el contenido.

3. Ingresa el texto en la plataforma y ajusta las preferencias de voz, como el tono, la velocidad y las emociones.

4. Exporta el audio generado y compártelo con los miembros de la comunidad a través de correo electrónico, redes sociales, sitios web o en formato impreso.

Producción de videos promocionales y anuncios de eventos:

Resemble.ai puede ser utilizado por ministerios cristianos e iglesias para crear narraciones de voz y grabaciones de audio para videos promocionales y anuncios de eventos. Esto ayuda a atraer la atención y generar interés en las actividades y programas de la iglesia o ministerio.

Pasos prácticos:

1. Prepara el guion para el video promocional o anuncio de evento que deseas grabar.

2. Selecciona o crea una voz personalizada en Resemble.ai que sea adecuada para el tipo de evento y el estilo del video.

3. Ingresa el guion en la plataforma y ajusta las preferencias de voz, como el tono, la velocidad y las emociones.

4. Exporta el audio generado e intégralo en tu producción de video utilizando una herramienta de edición de video.

5. Comparte el video finalizado en redes sociales, sitios web y otros canales de comunicación de la iglesia o ministerio.

Conclusión:

Resemble.ai es una herramienta valiosa para iglesias y ministerios cristianos que buscan mejorar la calidad de sus producciones de audio y crear grabaciones de voz personalizadas y realistas. Con la ayuda de la inteligencia artificial y una amplia variedad de opciones de voz y personalización, los usuarios pueden generar audio de alta calidad en poco tiempo. Siguiendo esta guía paso a paso, podrás aprovechar al máximo las funciones y beneficios que ofrece Resemble.ai para mejorar la calidad y el impacto de tus producciones de audio y video en diferentes plataformas.

Conclusiones

El libro "Las 21 Llaves Claves para Ganar Almas para Jesús" aborda cómo las iglesias y ministerios pueden aprovechar el poder del marketing digital y la inteligencia artificial para conectar mejor con las personas y hacer crecer sus comunidades. Algunos de los aspectos clave que se discuten en el libro incluyen:

1. La importancia de identificar y abordar las necesidades específicas de los miembros de la comunidad para ayudarles a resolver sus problemas de manera efectiva.

2. Cómo aprovechar las oportunidades para compartir contenido de valor y nutrir a los seguidores a lo largo del tiempo.

3. La necesidad de adaptarse y ser resilientes frente a los desafíos y cambios en la sociedad, incluyendo posibles censuras en las redes sociales.

4. La utilización de la inteligencia artificial para optimizar la gestión del tiempo y los recursos en las tareas ministeriales.

Además, el libro presenta ejemplos de éxito y fracaso en el ámbito empresarial, como Apple, que ha utilizado eficazmente el marketing digital PPC y anuncios para impulsar el crecimiento y las conversiones. Por otro lado, empresas como BlackBerry y Blockbuster no lograron adaptarse a las tendencias del mercado y no invirtieron lo suficiente en publicidad en línea, lo que resultó en su declive.

El conocimiento adquirido a lo largo del libro brinda a líderes cristianos las herramientas y estrategias necesarias para enfrentar los desafíos en el mundo digital y continuar con éxito en su misión de ganar almas para Jesús. Al aplicar estos principios y aprender de los ejemplos de éxito y fracaso, las iglesias y ministerios pueden crecer, conectar con sus comunidades y marcar la diferencia en la vida de las personas.

Referencias

La Santa Biblia (Versión Reina-Valera 1960). (1960). Sociedades Bíblicas Unidas. Recuperado de https://www.biblegateway.com/versions/Reina-Valera-1960-RVR1960-Biblia/

Identificación y abordaje de las necesidades de la comunidad: Covey, S. (1989). The 7 Habits of Highly Effective People. Free Press. Recuperado de https://www.stephencovey.com/7habits/7habits.php

Oportunidades y nutrición de seguidores: Godin, S. (2008). Tribes: We Need You to Lead Us. Portfolio. Recuperado de https://www.sethgodin.com/sg/books.asp

Resiliencia y adaptabilidad: Dweck, C. (2006). Mindset: The New Psychology of Success. Ballantine Books. Recuperado de https://www.mindsetonline.com/

Inteligencia artificial y optimización de tiempo y recursos: Kaplan, J. (2016). Artificial Intelligence: What Everyone Needs to Know. Oxford University Press. Recuperado de https://global.oup.com/academic/product/artificial-intelligence-9780190602390

Éxito y fracaso en el ámbito empresarial: Gladwell, M. (2008). Outliers: The Story of Success. Little, Brown and Company. Recuperado de https://www.gladwellbooks.com/titles/malcolm-gladwell/outliers/9780316040341/

Ejemplos de éxito y fracaso en marketing digital PPC y anuncios: Tesla - http://www.forbes.com/sites/greatspeculations/2016/02/23/how-tesla-is-driving-electric-car-innovation
Apple - https://www.apple.com/customer-letter/
BlackBerry - https://www.theguardian.com/technology/2013/sep/24/blackberry-timeline-where-did-it-go-wrong

Blockbuster - https://www.businessinsider.com/blockbuster-ceo-passed-up-chance-to-buy-netflix-for-50-million-2015-7

Estrategia de océano azul: Kim, W. C., & Mauborgne, R. (2005). Blue Ocean Strategy: How to Create Uncontested Market Space and Make the Competition Irrelevant. Harvard Business Review Press. Recuperado de https://www.blueoceanstrategy.com/books/blue-ocean-strategy/

Synthesia.io: Synthesia. (n.d.). Synthesia.io. Recuperado de https://www.synthesia.io/

Descript.com: Descript. (n.d.). Descript.com. Recuperado de https://www.descript.com/

OpenAI: OpenAI. (n.d.). OpenAI.com. Recuperado de https://www.openai.com/

Beautiful.ai: Beautiful.ai. (n.d.). Beautiful.ai. Recuperado de https://www.beautiful.ai/

BIGVU: BIGVU. (n.d.). Bigvu.tv. Recuperado de https://bigvu.tv/

SmartWriter: SmartWriter. (n.d.). Smartwriter.ai. Recuperado de https://www.smartwriter.ai/

Vidyo.ai: Vidyo.ai. (n.d.). pp.vidyo.ai. Recuperado de https://pp.vidyo.ai/

Resemble.ai: Resemble.ai. (n.d.). App.resemble.ai. Recuperado de https://app.resemble.ai/

Otter.ai: Otter.ai. (n.d.). Otter.ai. Recuperado de https://otter.ai/

Es importante destacar que estas referencias sirven como ejemplos de las ideas y conceptos mencionados a lo largo del libro "Las 21 Llaves Claves para Ganar Almas para Jesús". La consulta de estos recursos puede proporcionar una mayor comprensión y contexto en relación con los temas discutidos en el libro y ayudar a los líderes cristianos a aplicar con éxito las estrategias y herramientas presentadas para el crecimiento y conexión de sus iglesias y ministerios.